Les délices du cake

100 recettes pour tous les goûts

Emma Dupont

TABLE DES MATIÈRES

gâteau au goutte-à-goutte de la ferme 11
Pain d'épice américain avec sauce au citron 12
Pain d'épice au café 14
Gâteau à la crème de gingembre 15
Gâteau au pain d'épice de Liverpool 16
Pain d'épice à l'avoine 17
pain d'épice collant 19
Pain d'épice à grains entiers 20
Gâteau au miel et aux amandes 21
gâteau glacé au citron 22
anneau de thé glacé 23
gâteau sablé 25
Gâteau au beurre de graines de carvi 26
gâteau marbré 27
Gâteau étagé du Lincolnshire 28
gâteau au pain 29
Gâteau à la confiture 30
gâteau aux graines de pavot 31
gâteau au yaourt nature 32
Tarte aux pruneaux et à la crème anglaise 33
Gâteau ondulé aux framboises avec glaçage au chocolat 35
gâteau de sable 36
tourteau de graines 37
gâteau aux épices 38

Gâteau Épicé	39
Gâteau au sucre à la cannelle	40
gâteau au thé victorien	41
Gâteau aux fruits tout-en-un	42
Gâteau aux fruits tout-en-un	43
gâteau aux fruits australien	44
Tarte américaine riche	45
Gâteau aux fruits de caroube	47
Gâteau au café aux fruits	48
Tarte lourde de Cornouailles	50
Gâteau aux groseilles	51
gâteau aux fruits noirs	52
couper et retourner le gâteau	54
Gâteau Dundee	55
Gâteau aux fruits sans œufs du jour au lendemain	56
gâteau aux fruits infaillible	57
Gâteau aux fruits au gingembre	59
Gâteau aux fruits au miel des champs	60
gâteau de Gênes	61
gâteau aux fruits glacé	63
Gâteau aux fruits à la Guinness	64
Tarte hachée	65
Gâteau aux fruits aux flocons d'avoine et aux abricots	66
Gâteau aux fruits du jour au lendemain	67
gâteau aux raisins secs et aux épices	68
gâteau richmond	69
Gâteau aux fruits au safran	70

Gâteau aux fruits soda	71
gâteau aux fruits rapide	72
gâteau aux fruits avec thé chaud	73
Gâteau aux fruits au thé froid	74
gâteau aux fruits sans sucre	75
petits gâteaux aux fruits	76
gâteau au vinaigre de fruits	78
Gâteau au whisky de Virginie	79
Tarte aux fruits galloise	80
gâteau aux fruits blancs	81
Tarte aux pommes	82
Tarte aux pommes épicée avec garniture croustillante	83
tarte aux pommes américaine	84
Tarte aux pommes	85
tarte au cidre de pomme	86
Tarte aux pommes et à la cannelle	87
Tarte aux pommes espagnole	88
Tarte aux pommes et à la sultanine	90
tarte renversée aux pommes	91
Gâteau au pain aux abricots	92
Tarte Abricot Gingembre	93
Tarte aux abricots ivre	94
Gâteau à la banane	95
Gâteau aux bananes avec garniture croustillante	96
Éponge à la banane	97
Gâteau aux bananes riche en fibres	98
Gâteau à la banane et au citron	99

Gâteau au chocolat avec mélangeur à la banane	100
Gâteau aux bananes et cacahuètes	101
Gâteau aux bananes et aux raisins tout en un	102
Gâteau au whisky à la banane	103
Gâteau aux canneberges	104
gâteau pavé de cerises	105
gâteau aux cerises et à la noix de coco	106
Gâteau Sultana aux cerises	107
Gâteau glacé aux cerises et aux noix	108
Gâteau aux prunes de Damas	109
Tarte aux dattes et aux noix	110
Gâteau au citron	111
Gâteau à l'orange et aux amandes	112
gâteau aux flocons d'avoine	113
Gâteau à la mandarine glacé fort	114
Gâteau à l'orange	115
gâteau des anges	116
sandwich aux mûres	117
Gâteau au beurre doré	118
Éponge à café tout-en-un	119
gâteau tchèque	120
gâteau au miel simple	121
Éponge au citron tout-en-un	122
Gâteau mousseline au citron	123
Gâteau au citron	124
cake citron et vanille	125
Gâteau au madère	126

gâteau marguerite	127
gâteau au lait chaud	128
gâteau au lait	129
Éponge moka tout-en-un	130
Gâteau au Moscatel	131
Eponge orange tout en un	132
gâteau simple	133
Gâteau espagnol	134
sandwich victoire	135
gâteau fouetté	136
Gâteau moulin à vent	137
rouleau suisse	139
rouleau suisse aux pommes	140
Rouleau de châtaignes à l'eau-de-vie	142
rouleau suisse au chocolat	144
rouleau de citron	145
Rouleau de fromage au miel et au citron	147
Rouleau de confiture de citron vert	149
Roulade Fraise Citron	151
Rouleau suisse à l'orange et aux amandes	153
Roulé suisse aux fraises dos à dos	156
Gâteau au chocolat tout en un	158
Pain à la banane et au chocolat	159
Gâteau au chocolat et aux amandes	160
Gâteau à la crème glacée au chocolat et aux amandes	161
gâteau des anges au chocolat	163
gâteau au chocolat américain	165

Tarte aux pommes au chocolat	167
Gâteau Brownie Au Chocolat	169
Gâteau au chocolat et au babeurre	171
Tarte aux pépites de chocolat et aux amandes	172
Gâteau à la crème au chocolat	174
Gâteau au chocolat aux dattes	175
Gâteau familial au chocolat	177
Gâteau du diable avec glaçage à la guimauve	178
gâteau au chocolat de rêve	180
gâteau flottant au chocolat	182
Gâteau aux noisettes et au chocolat	183
Gâteau au chocolat	185
Gâteau au chocolat	187
gâteau au chocolat italien	189
Gâteau à la crème glacée au chocolat et aux noisettes	191
Tarte italienne au chocolat et à la crème de cognac	193
gâteau au chocolat en couches	195
gâteaux moelleux au chocolat	197
gâteau au moka	198
Gâteau de boue	199
Tarte à la boue du Mississippi avec base croustillante	200
Gâteau au chocolat et aux noix	202
Gâteau au chocolat riche	203
Gâteau au chocolat, aux noix et aux cerises	205
Gâteau au chocolat au rhum	207
sandwich au chocolat	208
Gâteau Caroube et Noix	209

Bûche de Noël Caroube 211

gâteau aux graines de carvi 213

Gâteau de riz aux amandes 214

gâteau à la bière 215

Gâteau à la bière et aux dattes 217

gâteau battenburg 218

Gâteau au pouding au pain 220

Gâteau anglais au babeurre 222

gâteau au goutte-à-goutte de la ferme

Donne un gâteau de 18 cm/7 pouces

8 oz/11/3 tasses de mélange montagnard (mélange pour gâteau aux fruits)

3 oz/75 g/1/3 tasse de graisse de bœuf (shortening végétal)

5 oz/150 g/2/3 tasse de cassonade douce

250 ml/8 fl oz/1 tasse d'eau

8 oz/2 tasses/225 g de farine de blé entier (blé entier)

5 ml/1 cuillère à café de levure chimique

2,5 ml/½ cuillère à café de bicarbonate de soude (bicarbonate de sodium)

5 ml/1 cuillère à café de cannelle moulue

Une pincée de muscade râpée

Une pincée de clous de girofle moulus

Porter à ébullition les fruits, le jus de cuisson, le sucre et l'eau dans une casserole à fond épais et laisser mijoter 10 minutes. Laisser refroidir. Mélanger le reste des ingrédients dans un bol, puis verser le mélange fondu et mélanger délicatement. Verser dans un moule à cake graissé et chemisé de 18 cm/7 et cuire dans un four préchauffé à 180°C/350°F/thermostat 4 pendant 1h30 jusqu'à ce qu'il soit bien gonflé et se rétracte sur les parois du moule.

Pain d'épice américain avec sauce au citron

Donne un gâteau de 20 cm/8 pouces

8 oz/225 g/1 tasse de sucre en poudre (superfin)

2 oz/50 g/¼ tasse de beurre ou de margarine, fondu

30 ml/2 cuillères à soupe de mélasse noire (mélasse)

2 blancs d'œufs, légèrement battus

8 oz/2 tasses/225 g de farine ordinaire (tout usage)

5 ml/1 cuillère à café de bicarbonate de soude (bicarbonate de sodium)

5 ml/1 cuillère à café de cannelle moulue

2,5 ml/½ cuillère à café de clous de girofle moulus

1,5 ml/¼ cuillère à café de gingembre moulu

Une pincée de sel

250 ml/8 oz/1 tasse de babeurre

Pour la sauce:

100 g/4 oz/½ tasse de sucre en poudre (superfin)

30 ml/2 cuillères à soupe de semoule de maïs (amidon de maïs)

Une pincée de sel

Une pincée de muscade râpée

250 ml/8 fl oz/1 tasse d'eau bouillante

½ oz/15 g/1 cuillère à soupe de beurre ou de margarine

30 ml/2 cuillères à soupe de jus de citron

2,5 ml/½ cuillère à café de zeste de citron finement râpé

Mélanger le sucre, le beurre ou la margarine et la mélasse. Ajouter les blancs d'œufs. Mélanger la farine, le bicarbonate de soude, les épices et le sel. Incorporer le mélange de farine et le babeurre en alternance dans le mélange de beurre et de sucre jusqu'à ce que le tout soit bien mélangé. Verser dans un moule à gâteau de 20 cm de diamètre beurré et fariné et cuire dans un four préchauffé à 200°C/400°F/thermostat 6 pendant 35 minutes jusqu'à ce qu'un cure-dent inséré au centre en ressorte propre. Laisser refroidir dans le moule pendant 5 minutes avant de démouler sur une grille pour terminer le refroidissement. Le gâteau peut être servi froid ou tiède.

Pour faire la sauce, mélanger le sucre, la semoule de maïs, le sel, la noix de muscade et l'eau dans une petite casserole à feu doux et remuer jusqu'à ce que le tout soit bien mélangé. Cuire à feu doux, en remuant, jusqu'à ce que le mélange soit épais et clair. Ajouter le beurre ou la margarine et le jus et le zeste de citron et cuire jusqu'à homogénéité. Verser sur le pain d'épice pour servir.

Pain d'épice au café

Donne un gâteau de 20 cm/8 pouces

1¾ tasses/7 oz/200 g de farine auto-levante

10 ml/2 cuillères à café de gingembre moulu

10 ml/2 cuillères à café de café instantané granulé

100 ml/4 fl oz/½ tasse d'eau chaude

100 g/4 oz/½ tasse de beurre ou de margarine

¼ tasse/3 oz/75 g de sirop doré (maïs léger)

2 oz/50 g/¼ tasse de cassonade douce

2 oeufs battus

Mélanger la farine et le gingembre. Dissoudre le café dans l'eau chaude. Faites fondre la margarine, le sirop et le sucre, puis mélangez-les aux ingrédients secs. Mélanger le café et les œufs. Verser dans un moule à tarte de 20 cm/8 graissé et chemisé et cuire dans un four préchauffé à 180°C/350°F/thermostat 4 pendant 40 à 45 minutes jusqu'à ce qu'il soit bien gonflé et élastique au toucher.

Gâteau à la crème de gingembre

Donne un gâteau de 20 cm/8 pouces

¾ tasse/6 oz/175 g de beurre ou de margarine, ramolli

5 oz/150 g/2/3 tasse de cassonade douce

3 oeufs, légèrement battus

1½ tasse/6 oz/175 g de farine auto-levante

15 ml/1 cuillère à soupe de gingembre moulu Pour la garniture :

150 ml/¼ pt/2/3 tasse de crème double (épaisse)

15 ml/1 cuillère à soupe de sucre glace, tamisé

5 ml/1 cuillère à café de gingembre moulu

Crémer le beurre ou la margarine et le sucre jusqu'à consistance légère et mousseuse. Ajouter progressivement les œufs, puis la farine et le gingembre et bien mélanger. Répartir dans deux moules à sandwich 8/20 cm graissés et chemisés et cuire dans un four préchauffé à 180°C/350°F/gaz niveau 4 pendant 25 minutes jusqu'à ce qu'ils soient bien gonflés et élastiques au toucher. Laisser refroidir.

Fouetter la crème avec le sucre et le gingembre jusqu'à consistance ferme, puis l'utiliser pour faire un sandwich avec les gâteaux.

Gâteau au pain d'épice de Liverpool

Donne un gâteau de 20 cm/8 pouces

100 g/4 oz/½ tasse de beurre ou de margarine

100g/4oz/½ tasse de sucre demerara

30 ml/2 cuillères à soupe de sirop doré (maïs clair)

8 oz/2 tasses/225 g de farine ordinaire (tout usage)

2,5 ml/½ cuillère à café de bicarbonate de soude (bicarbonate de sodium)

10 ml/2 cuillères à café de gingembre moulu

2 oeufs battus

225g/8oz/11/3 tasses de raisins secs (raisins dorés)

2 oz/50 g/½ tasse de gingembre cristallisé (confit), haché

Faites fondre le beurre ou la margarine avec le sucre et le sirop à feu doux. Retirer du feu et ajouter les ingrédients secs et l'œuf et bien mélanger. Ajouter les raisins secs et le gingembre. Verser dans un moule à gâteau carré de 20 cm/8 pouces graissé et chemisé et cuire dans un four préchauffé à 150°C/300°F/gaz niveau 3 pendant 1h30 jusqu'à ce qu'il soit élastique au toucher. Le gâteau peut couler un peu au centre. Laisser refroidir dans le moule.

Pain d'épice à l'avoine

Donne un gâteau de 14 x 9 pouces/35 x 23 cm

8 oz/2 tasses/225 g de farine de blé entier (blé entier)

3 oz/75 g/¾ tasse de flocons d'avoine

5 ml/1 cuillère à café de bicarbonate de soude (bicarbonate de sodium)

5 ml/1 cuillère à café de crème de tartre

15 ml/1 cuillère à soupe de gingembre moulu

8 oz/225 g/1 tasse de beurre ou de margarine

8 oz/225 g/1 tasse de cassonade douce

Mélanger la farine, l'avoine, le bicarbonate de soude, la crème de tartre et le gingembre dans un bol. Frotter dans du beurre ou de la margarine jusqu'à ce que le mélange ressemble à de la chapelure. Ajouter le sucre. Pressez fermement le mélange dans un moule à gâteau graissé de 35 x 23 cm/14 x 9 pouces et faites cuire dans un four préchauffé à 160°C/325°F/niveau de gaz 3 pendant 30 minutes jusqu'à ce qu'il soit pris. Couper en carrés encore chauds et laisser refroidir complètement dans le moule.

> **pain d'épice à l'orange**
>
> **Donne un gâteau de 23 cm/9 pouces**
>
> **450 g/1 lb/4 tasses de farine ordinaire (tout usage)**
>
> **5 ml/1 cuillère à café de cannelle moulue**
>
> **2,5 ml/½ cuillère à café de gingembre moulu**
>
> **2,5 ml/½ cuillère à café de bicarbonate de soude (bicarbonate de sodium)**
>
> **6 oz/175 g/2/3 tasse de beurre ou de margarine**
>
> **6 oz/175 g/2/3 tasse de sucre en poudre (superfin)**
>
> **3 oz/75 g/½ tasse de zeste d'orange glacé (confit), haché**
>
> **Le zeste râpé et le jus d'une ½ grosse orange**
>
> **6 oz/175 g/½ tasse de sirop doré (maïs léger), chaud**
>
> **2 oeufs, légèrement battus**

Un peu de lait

Mélanger la farine, les épices et le bicarbonate de soude, puis incorporer le beurre ou la margarine jusqu'à ce que le mélange ressemble à de la chapelure. Ajouter le sucre, le zeste et le zeste d'orange, puis faire un puits au centre. Mélanger le jus d'orange et le sirop tiède, puis incorporer les œufs jusqu'à consistance lisse, en ajoutant un peu de lait si nécessaire. Bien battre, puis verser dans un moule à gâteau carré graissé de 23 cm/9 pouces et cuire dans un four préchauffé à 160°C/325°F/gaz niveau 3 pendant 1 heure jusqu'à ce qu'il soit bien gonflé et élastique au toucher.

pain d'épice collant

Donne un gâteau de 10/25 cm

10 oz/275 g/2½ tasses de farine ordinaire (tout usage)

10 ml/2 cuillères à café de cannelle moulue

5 ml/1 cuillère à café de bicarbonate de soude (bicarbonate de sodium)

100 g/4 oz/½ tasse de beurre ou de margarine

6 oz/175 g/½ tasse de sirop doré (maïs léger)

6 oz/175 g/½ tasse de mélasse verte (mélasse)

100 g/4 oz/½ tasse de cassonade douce

2 oeufs battus

150 ml/¼ pt/2/3 tasse d'eau chaude

Mélanger la farine, la cannelle et le bicarbonate de soude. Faire fondre le beurre ou la margarine avec le sirop, la mélasse et le sucre et verser sur les ingrédients secs. Ajouter les œufs et l'eau et bien mélanger. Verser dans un moule à tarte carré de 10/25 cm graissé et chemisé. Cuire dans un four préchauffé à 180°C/350°F/gaz niveau 4 pendant 40 à 45 minutes jusqu'à ce qu'ils soient bien gonflés et élastiques au toucher.

Pain d'épice à grains entiers

Donne un gâteau de 18 cm/7 pouces

1 tasse/4 oz/100 g de farine ordinaire (tout usage)

4 oz/100 g/1 tasse de farine de blé entier (blé entier)

2 oz/50 g/¼ tasse de cassonade douce

50g/2oz/1/3 tasse de raisins secs (raisins dorés)

10 ml/2 cuillères à café de gingembre moulu

5 ml/1 cuillère à café de cannelle moulue

5 ml/1 cuillère à café de bicarbonate de soude (bicarbonate de sodium)

Une pincée de sel

100 g/4 oz/½ tasse de beurre ou de margarine

30 ml/2 cuillères à soupe de sirop doré (maïs clair)

30 ml/2 cuillères à soupe de mélasse noire (mélasse)

1 oeuf, légèrement battu

150 ml/¼ pt/2/3 tasse de lait

Mélanger les ingrédients secs. Faire fondre le beurre ou la margarine avec le sirop et la mélasse et mélanger aux ingrédients secs avec l'œuf et le lait. Verser dans un moule à tarte (moule) de 18 cm/7 graissé et chemisé et cuire dans un four préchauffé à 160°C/325°F/thermostat 3 pendant 1 heure jusqu'à ce qu'il soit élastique au toucher.

Gâteau au miel et aux amandes

Donne un gâteau de 20 cm/8 pouces

9 oz/250 g de carottes, râpées

2½ oz/65g d'amandes finement hachées

2 oeufs

100 g/4 oz/1/3 tasse de miel léger

60 ml/4 cuillères à soupe d'huile

150 ml/¼ pt/2/3 tasse de lait

4 oz/100 g/1 tasse de farine de blé entier (blé entier)

¼ tasse/1 oz/25 g de farine ordinaire (tout usage)

10 ml/2 cuillères à café de cannelle moulue

2,5 ml/½ cuillère à café de bicarbonate de soude (bicarbonate de sodium)

Une pincée de sel

glaçage au citron

Quelques amandes tranchées (laminées) pour la garniture

Mélanger les carottes et les noix. Battez les œufs dans un bol séparé, puis mélangez-les avec le miel, l'huile et le lait. Ajouter les carottes et les noix, puis ajouter les ingrédients secs. Verser dans un moule à gâteau de 20 cm/8 graissé et chemisé et cuire dans un four préchauffé à 150 °C/300 °F/thermostat 2 pendant 1 à 1 h 15 jusqu'à ce qu'il soit bien gonflé et élastique au toucher. Laisser refroidir dans le moule avant de démouler. Arroser de glaçage au citron et décorer d'amandes effilées.

gâteau glacé au citron

Donne un gâteau de 18 cm/7 pouces

100 g/4 oz/½ tasse de beurre ou de margarine, ramolli

100 g/4 oz/½ tasse de sucre en poudre (superfin)

2 oeufs

1 tasse/4 oz/100 g de farine ordinaire (tout usage)

2 oz/50 g/½ tasse de riz moulu

2,5 ml/½ cuillère à café de levure chimique

zeste râpé et jus de 1 citron

4 oz/100 g/2/3 tasse de sucre glace (glaçage), tamisé

Crémer le beurre ou la margarine et le sucre jusqu'à consistance légère et mousseuse. Incorporer les œufs un à un en battant bien après chaque ajout. Mélanger la farine, le riz moulu, la levure chimique et le zeste de citron, puis incorporer au mélange. Verser dans un moule à cake graissé et chemisé de 18 cm/7 et cuire dans un four préchauffé à 180°C/350°F/thermostat 4 pendant 1 heure jusqu'à ce qu'il soit élastique au toucher. Retirer du moule et laisser refroidir.

Mélanger le sucre glace avec un peu de jus de citron jusqu'à consistance lisse. Répartir sur le gâteau et laisser reposer.

anneau de thé glacé

Pour 4 à 6 personnes

150 ml/¼ pt/2/3 tasse de lait chaud

2,5 ml/½ cuillère à café de levure sèche

1 oz/25 g/2 cuillères à soupe de sucre en poudre (superfin)

1 oz/25 g/2 cuillères à soupe de beurre ou de margarine

8 oz/2 tasses/225 g de farine forte régulière (pain)

1 œuf battu Pour la garniture :

2 oz/50 g/¼ tasse de beurre ou de margarine, ramolli

2 oz/50 g/¼ tasse d'amandes moulues

2 oz/50 g/¼ tasse de cassonade douce

Pour la couverture :

4 oz/100 g/2/3 tasse de sucre glace (glaçage), tamisé

15 ml/1 cuillère à soupe d'eau tiède

30 ml/2 cuillères à soupe d'amandes effilées (tranchées)

Verser le lait sur la levure et le sucre et mélanger. Laisser dans un endroit chaud jusqu'à ce qu'il soit mousseux. Frottez le beurre ou la margarine dans la farine. Ajouter le mélange de levure et l'oeuf et bien battre. Couvrir le récipient d'un film alimentaire huilé (pellicule plastique) et laisser dans un endroit chaud pendant 1 heure. Pétrir à nouveau, puis former un rectangle d'environ 30 x 23 cm/12 x 9 pouces. Étendre du beurre ou de la margarine pour la garniture sur la pâte et saupoudrer d'amandes moulues et de sucre. Rouler en long boudin et former un anneau en scellant les bords avec un peu d'eau. Coupez les deux tiers de la largeur du rouleau à des intervalles d'environ 1½/3 cm et placez-les sur une plaque de cuisson (à biscuits) graissée. Laisser dans un endroit chaud pendant 20 minutes. Cuire dans un four préchauffé à 200°C/425°F/gaz 7 pendant 15 minutes. Réduire la température du four à 180°C/350°F/gaz 4 pendant 15 minutes supplémentaires.

Pendant ce temps, mélanger le sucre glace et l'eau pour faire un glaçage. Lorsqu'il est froid, étalez sur le gâteau et décorez d'amandes effilées.

gâteau sablé

Donne un gâteau de 23 x 18 cm/9 x 7 pouces

½ oz/15 g de levure fraîche ou 4 c. à thé/20 ml de levure sèche

5 ml/1 cuillère à café de sucre en poudre (superfin)

300 ml/½ pt/1¼ tasse d'eau tiède

5 oz/150 g/2/3 tasse de shortening (shortening végétal)

450 g/1 lb/4 tasses de farine forte (pain)

Une pincée de sel

100g/4oz/2/3 tasse de raisins secs (raisins dorés)

100 g/4 oz/2/3 tasse de miel léger

Mélanger la levure avec le sucre et un peu d'eau tiède et laisser dans un endroit chaud pendant 20 minutes jusqu'à ce qu'elle mousse.

Frottez 25 g/1 oz/2 cuillères à soupe de saindoux dans la farine et le sel et faites un puits au centre. Verser le mélange de levure et le reste d'eau tiède et mélanger jusqu'à obtenir une pâte ferme. Pétrir jusqu'à consistance lisse et élastique. Placer dans un bol huilé, couvrir d'un film alimentaire huilé (pellicule plastique) et laisser dans un endroit chaud pendant environ 1 heure jusqu'à ce qu'elle double de volume.

Couper le beurre restant en dés. Pétrir à nouveau la pâte, puis l'étaler en un rectangle d'environ 35 x 23 cm/14 x 9 pouces. Couvrir les deux tiers supérieurs de la pâte avec un tiers du saindoux, un tiers des raisins secs et un quart du miel. Pliez le tiers normal de la pâte sur la garniture, puis repliez le tiers supérieur par-dessus. Appuyez sur les bords ensemble pour sceller, puis tournez la pâte d'un quart du chemin pour que le pli soit sur votre gauche. Étalez et répétez le processus deux fois de plus pour utiliser tout le beurre et les raisins secs. Placer sur une plaque à biscuits graissée et marquer un motif entrecroisé sur le dessus avec un couteau. Couvrir et laisser dans un endroit chaud pendant 40 minutes.

Cuire au four préchauffé à 220°C/ 425°F/thermostat 7 pendant 40 minutes. Arrosez le dessus avec le miel restant, puis laissez refroidir.

Gâteau au beurre de graines de carvi

Donne un gâteau de 23 x 18 cm/9 x 7 pouces

1 lb/450 g de pâte à pain blanche de base

¾ tasse/6 oz/175 g de shortening (shortening végétal), coupé en morceaux

6 oz/175 g/¾ tasse de sucre en poudre (superfin)

15 ml/1 cuillère à soupe de graines de carvi

Préparez la pâte, puis étalez-la sur une surface légèrement farinée en un rectangle d'environ 35 x 23 cm/14 x 9 pouces. Mettez la moitié du shortening et la moitié du sucre sur les deux tiers supérieurs de la pâte, puis repliez un tiers de la pâte et repliez le tiers supérieur par-dessus. Tourner d'un quart de tour la pâte de manière à ce que le pli soit à gauche, puis étaler à nouveau et saupoudrer de la même manière avec le shortening et le sucre restants et les graines de carvi. Pliez à nouveau, puis façonnez pour tenir sur une plaque à pâtisserie (moule) et marquez le dessus en forme de losange. Couvrir d'un film alimentaire huilé (film plastique) et laisser dans un endroit chaud pendant environ 30 minutes jusqu'à ce qu'il double de volume.

Cuire dans un four préchauffé à 200°C/ 400°F/thermostat 6 pendant 1 heure. Laisser refroidir dans le moule pendant 15 minutes pour que la graisse pénètre dans la pâte, puis démouler sur une grille pour refroidir complètement.

gâteau marbré

Donne un gâteau de 20 cm/8 pouces

¾ tasse/6 oz/175 g de beurre ou de margarine, ramolli

6 oz/175 g/¾ tasse de sucre en poudre (superfin)

3 oeufs, légèrement battus

8 oz/225 g/2 tasses de farine auto-levante

Quelques gouttes d'essence d'amande (extrait)

Quelques gouttes de colorant alimentaire vert

Quelques gouttes de colorant alimentaire rouge.

Crémer le beurre ou la margarine et le sucre jusqu'à consistance légère et mousseuse. Incorporer les œufs petit à petit, puis ajouter la farine. Diviser le mélange en trois. Ajoutez l'essence d'amande à un tiers, le colorant alimentaire vert à un tiers et le colorant alimentaire rouge au tiers restant. Verser de grandes cuillerées des trois mélanges en alternance dans un moule à tarte de 20 cm/8 pouces graissé et chemisé et cuire dans un four préchauffé à 180°C/350°F/gaz niveau 4 pendant 45 minutes jusqu'à ce que le tout soit bien gonflé et élastique au toucher .

Gâteau étagé du Lincolnshire

Donne un gâteau de 20 cm/8 pouces

6 oz/175 g/¾ tasse de beurre ou de margarine

12 oz/350 g/3 tasses de farine ordinaire (tout usage)

Une pincée de sel

150 ml/¼ pt/2/3 tasse de lait

15 ml/1 cuillère à soupe de levure sèche Pour la garniture :

225g/8oz/11/3 tasses de raisins secs (raisins dorés)

8 oz/225 g/1 tasse de cassonade douce

1 oz/25 g/2 cuillères à soupe de beurre ou de margarine

2,5 ml/½ cuillère à thé de piment de la Jamaïque moulu

1 œuf, séparé

Frotter la moitié du beurre ou de la margarine dans la farine et le sel jusqu'à ce que le mélange ressemble à de la chapelure. Faire chauffer le reste du beurre ou de la margarine avec le lait jusqu'à ce qu'il soit chaud, puis mélanger un peu jusqu'à obtenir une pâte avec la levure. Incorporer le mélange de levure et le reste du lait et du beurre dans le mélange de farine et pétrir en une pâte lisse. Placer dans un bol huilé, couvrir et laisser dans un endroit chaud pendant environ 1 heure jusqu'à ce qu'elle double de volume. Pendant ce temps, placez tous les ingrédients de la garniture sauf le blanc d'œuf dans une poêle à feu doux et laissez fondre.

Étalez un quart de la pâte en un cercle de 8/20 cm et étalez-y un tiers de la garniture. Répéter avec les quantités restantes de pâte et de garniture, en recouvrant d'un cercle de pâte. Badigeonner les bords de blanc d'œuf et souder. Cuire au four préchauffé à 190°C/375°F/thermostat 5 pendant 20 minutes. Badigeonnez le dessus de blanc d'œuf, puis remettez au four encore 30 minutes jusqu'à ce qu'il soit doré.

gâteau au pain

Donne un gâteau de 2 lb/900 g

¾ tasse/6 oz/175 g de beurre ou de margarine, ramolli

10 oz/275 g/1¼ tasse de sucre en poudre (superfin)

Zeste râpé et jus de ½ citron

120 ml/4 oz/½ tasse de lait

2¼ tasses/10 oz/275 g de farine auto-levante

5 ml/1 cuillère à café de sel

5 ml/1 cuillère à café de levure chimique

3 oeufs

Sucre glace (glaçage), tamisé, pour saupoudrer

Battre le beurre ou la margarine, le sucre et le zeste de citron jusqu'à consistance légère et mousseuse. Ajouter le jus de citron et le lait, puis incorporer la farine, le sel et la levure chimique et mélanger jusqu'à consistance lisse. Ajouter les oeufs petit à petit en battant bien après chaque ajout. Verser le mélange dans un moule à pain de 900 g/2 lb graissé et chemisé et cuire dans un four préchauffé à 150°F/300°F/gaz niveau 2 pendant 1h15 jusqu'à ce qu'il soit élastique au toucher. Laisser refroidir dans le moule 10 minutes avant de démouler pour finir de refroidir sur une grille. Servir saupoudré de sucre glace.

Gâteau à la confiture

Donne un gâteau de 18 cm/7 pouces

¾ tasse/6 oz/175 g de beurre ou de margarine, ramolli

6 oz/175 g/¾ tasse de sucre en poudre (superfin)

3 œufs, séparés

10 oz/300 g/2½ tasses de farine auto-levante

45 ml/3 cuillères à soupe de confiture épaisse

1/3 tasse/2 oz/50 g de zeste mélangé (confit) haché

le zeste râpé d'1 orange

45 ml/3 cuillères à soupe d'eau

Pour le glaçage (glaçage) :

4 oz/100 g/2/3 tasse de sucre glace (glaçage), tamisé

jus d'1 orange

Quelques tranches d'orange confite (confit)

Crémer le beurre ou la margarine et le sucre jusqu'à consistance légère et mousseuse. Ajouter progressivement les jaunes d'œufs, puis 15 ml/1 cuillère à soupe de farine. Ajouter la confiture, le zeste mixé, le zeste d'orange et l'eau, puis ajouter le reste de farine. Battre les blancs d'œufs en neige ferme, puis les incorporer au mélange avec une cuillère en métal. Verser dans un moule à cake graissé et chemisé de 7/18 cm (plaque) et cuire dans un four préchauffé à 180°C/350°F/gaz niveau 4 pendant 1h15 jusqu'à ce qu'il soit bien gonflé et élastique au toucher. Laisser refroidir dans le moule pendant 5 minutes, puis démouler sur une grille pour terminer le refroidissement.

Pour faire le glaçage, mettre le sucre glace dans un bol et faire un trou au centre. Ajoutez progressivement suffisamment de jus d'orange pour lui donner une consistance tartinable. Verser sur le gâteau et sur les côtés et laisser prendre. Décorer de tranches d'oranges confites.

gâteau aux graines de pavot

Donne un gâteau de 20 cm/8 pouces

250 ml/8 oz/1 tasse de lait

100 g/4 oz/1 tasse de graines de pavot

8 oz/225 g/1 tasse de beurre ou de margarine, ramolli

8 oz/225 g/1 tasse de cassonade douce

3 œufs, séparés

1 tasse/4 oz/100 g de farine ordinaire (tout usage)

4 oz/100 g/1 tasse de farine de blé entier (blé entier)

5 ml/1 cuillère à café de levure chimique

Porter le lait à ébullition dans une petite casserole avec les graines de pavot, puis retirer du feu, couvrir et laisser tremper 30 minutes. Crémer le beurre ou la margarine et le sucre jusqu'à ce qu'ils soient pâles et mousseux. Ajouter les jaunes d'œufs petit à petit, puis ajouter les farines et la levure chimique. Ajouter les graines de pavot et le lait. Battre les blancs d'œufs en neige ferme, puis les incorporer au mélange avec une cuillère en métal. Verser dans un moule à gâteau de 20 cm de diamètre graissé et chemisé et cuire dans un four préchauffé à 180°C/350°F/thermostat 4 pendant 1 heure jusqu'à ce qu'un cure-dent inséré au centre en ressorte propre. Laisser refroidir dans le moule 10 minutes avant de démouler pour finir de refroidir sur une grille.

gâteau au yaourt nature

Donne un gâteau de 23 cm/9 pouces

5 oz/150 g de yaourt nature

150 ml/¼ st/2/3 tasse d'huile

8 oz/225 g/1 tasse de sucre en poudre (superfin)

8 oz/225 g/2 tasses de farine auto-levante

10 ml/2 cuillères à café de levure chimique

2 oeufs battus

Mélanger tous les ingrédients jusqu'à consistance lisse, puis verser dans un moule à gâteau graissé et tapissé de 23 cm/9 po. Cuire dans un four préchauffé à 160°C/325°F/gaz niveau 3 pendant 1h15 jusqu'à ce qu'il soit élastique au toucher. Laisser refroidir dans le moule.

Tarte aux pruneaux et à la crème anglaise

Donne un gâteau de 23 cm/9 pouces

Pour le remplissage:

5 oz/150 g/2/3 tasse de pruneaux dénoyautés (dénoyautés), hachés grossièrement

120 ml/4 oz/½ tasse de jus d'orange

2 oz/50 g/¼ tasse de sucre en poudre (superfin)

30 ml/2 cuillères à soupe de semoule de maïs (amidon de maïs)

175 ml/6 oz liq./¾ tasse de lait

2 jaunes d'œufs

Le zeste finement râpé de 1 orange

Pour le gâteau :

¾ tasse/6 oz/175 g de beurre ou de margarine, ramolli

8 oz/225 g/1 tasse de sucre en poudre (superfin)

3 oeufs, légèrement battus

1¾ tasses/7 oz/200 g de farine ordinaire (tout usage)

10 ml/2 cuillères à café de levure chimique

2,5 ml/½ cuillère à café de noix de muscade râpée

75 ml/5 cuillères à soupe de jus d'orange

Préparez d'abord la garniture. Faire tremper les pruneaux dans le jus d'orange pendant au moins deux heures.

Mélanger le sucre et la semoule de maïs jusqu'à obtenir une pâte avec un peu de lait. Portez le lait restant à ébullition dans une casserole. Versez dessus le sucre et la semoule de maïs et mélangez bien, puis remettez dans la casserole rincée et battez les jaunes d'œufs. Ajouter le zeste d'orange et remuer à feu très doux jusqu'à épaississement, mais ne pas laisser bouillir la crème. Placez la casserole dans un bol d'eau froide et remuez la crème de temps en temps pendant qu'elle refroidit.

Pour faire le gâteau, crémez le beurre ou la margarine et le sucre jusqu'à consistance légère et mousseuse. Ajouter progressivement les œufs, puis ajouter la farine, la levure chimique et la muscade en alternance avec le jus d'orange. Verser la moitié de la pâte dans un moule à cake beurré de 23 cm / 9 po, puis étaler la crème anglaise par-dessus en laissant un espace sur le pourtour. Verser les pruneaux et le jus de trempage sur la crème anglaise, puis garnir du reste du mélange à gâteau, en s'assurant que le mélange à gâteau se scelle dans la garniture sur les côtés et que la garniture est complètement recouverte. Cuire dans un four préchauffé à 200 °C/400 °F/gaz niveau 6 pendant 35 minutes, jusqu'à ce qu'ils soient dorés et que les parois du moule rétrécissent. Laisser refroidir dans le moule avant de démouler.

Gâteau ondulé aux framboises avec glaçage au chocolat

Donne un gâteau de 20 cm/8 pouces

¾ tasse/6 oz/175 g de beurre ou de margarine, ramolli

6 oz/175 g/¾ tasse de sucre en poudre (superfin)

3 oeufs, légèrement battus

8 oz/225 g/2 tasses de farine auto-levante

4 oz/100 g de framboises Pour le glaçage et la décoration :

Glaçage au beurre de chocolat blanc

4 oz/100 g/1 tasse de chocolat nature (mi-sucré)

Crémer le beurre ou la margarine et le sucre jusqu'à consistance légère et mousseuse. Incorporer les œufs petit à petit, puis ajouter la farine. Mixez les framboises, puis passez-les dans une passoire pour enlever les pépins. Incorporer la purée dans le mélange à gâteau, juste pour qu'elle soit marbrée dans le mélange et ne se mélange pas. Verser dans un moule à tarte de 20 cm graissé et chemisé et cuire au four préchauffé à 180°C/350°F/thermostat 4 pendant 45 minutes jusqu'à ce qu'il soit bien gonflé et élastique au toucher. Transférer sur une grille pour refroidir.

Étalez le glaçage au beurre sur le gâteau et grattez la surface avec une fourchette. Faire fondre le chocolat dans un bol résistant à la chaleur placé au-dessus d'une casserole d'eau frémissante. Étaler sur une plaque à pâtisserie (biscuits) et laisser jusqu'à ce qu'il soit presque pris. Grattez le plat d'un couteau bien aiguisé sur le chocolat pour faire des boucles. Utilisez-le pour décorer le dessus du gâteau.

gâteau de sable

Donne un gâteau de 20 cm/8 pouces

3 oz/75 g/1/3 tasse de beurre ou de margarine, ramolli

3 oz/75 g/1/3 tasse de sucre en poudre (superfin)

2 oeufs, légèrement battus

4 oz/100 g/1 tasse de semoule de maïs (amidon de maïs)

¼ tasse/1 oz/25 g de farine ordinaire (tout usage)

5 ml/1 cuillère à café de levure chimique

2 oz/50 g/½ tasse de noix mélangées hachées

Crémer le beurre ou la margarine et le sucre jusqu'à consistance légère et mousseuse. Ajouter progressivement les œufs, puis incorporer la semoule de maïs, la farine et la levure chimique. Verser le mélange dans un moule à gâteau carré de 20 cm / 8 pouces graissé et saupoudrer de noix hachées. Cuire dans un four préchauffé à 180°C/350°F/thermostat 4 pendant 1 heure jusqu'à ce qu'il soit élastique au toucher.

tourteau de graines

Donne un gâteau de 18 cm/7 pouces

100 g/4 oz/½ tasse de beurre ou de margarine, ramolli

100 g/4 oz/½ tasse de sucre en poudre (superfin)

2 oeufs, légèrement battus

8 oz/2 tasses/225 g de farine ordinaire (tout usage)

1 oz/25 g/¼ tasse de graines de carvi

5 ml/1 cuillère à café de levure chimique

Une pincée de sel

45 ml/3 cuillères à soupe de lait

Crémer le beurre ou la margarine et le sucre jusqu'à consistance légère et mousseuse. Ajouter progressivement les œufs, puis ajouter la farine, les graines de carvi, la levure chimique et le sel. Incorporer suffisamment de lait pour obtenir une consistance liquide. Verser dans un moule à tarte de 18 cm/7 graissé et chemisé et cuire dans un four préchauffé à 200°C/400°F/gaz niveau 6 pendant 1 heure jusqu'à ce qu'il soit élastique au toucher et commence à rétrécir sur les côtés. De la boîte

gâteau aux épices

Fait un anneau de 23 cm/9 pouces

1 pomme, pelée, évidée et râpée

30 ml/2 cuillères à soupe de jus de citron

8 oz/25 g/1 tasse de cassonade douce

5 ml/1 cuillère à café de gingembre moulu

5 ml/1 cuillère à café de cannelle moulue

2,5 ml/½ cc d'épices mélangées moulues (tarte aux pommes)

8 oz/225 g/2/3 tasse de sirop doré (maïs léger)

250 ml/8 oz/1 tasse d'huile

10 ml/2 cuillères à café de levure chimique

14 oz/400 g/3½ tasses de farine ordinaire (tout usage)

10 ml/2 cuillères à café de bicarbonate de soude (bicarbonate de soude)

250 ml/8 fl oz/1 tasse de thé fort chaud

1 œuf battu

Sucre glace (glaçage), tamisé, pour saupoudrer

Mélanger le jus de pomme et de citron. Ajouter le sucre et les épices, puis le sirop et l'huile. Ajouter la levure chimique à la farine et le bicarbonate de soude au thé chaud. Incorporez-les alternativement au mélange, puis incorporez l'œuf. Verser dans un moule à tarte de 23 cm de profondeur graissé et chemisé et cuire dans un four préchauffé à 180°C/350°F/gaz niveau 4 pendant 1 heure jusqu'à ce qu'il soit élastique au toucher. Laisser refroidir dans le moule pendant 10 minutes, puis démouler sur une grille pour terminer le refroidissement. Servir saupoudré de sucre glace.

Gâteau Épicé

Donne un gâteau de 23 cm/9 pouces

100 g/4 oz/½ tasse de beurre ou de margarine, ramolli

100g/4oz/½ tasse de sucre cristallisé

100 g/4 oz/½ tasse de cassonade douce

2 oeufs battus

1½ tasse/6 oz/175 g de farine ordinaire (tout usage)

5 ml/1 cuillère à café de levure chimique

5 ml/1 cuillère à café de cannelle moulue

2,5 ml/½ cuillère à café de bicarbonate de soude (bicarbonate de sodium)

2,5 ml/½ cc d'épices mélangées moulues (tarte aux pommes)

Une pincée de sel

200 ml/7 oz/à peine 1 tasse de lait évaporé en conserve

Glaçage au beurre citronné

Crémer le beurre ou la margarine et les sucres jusqu'à consistance légère et mousseuse. Battez progressivement les œufs, puis ajoutez les ingrédients secs et le lait évaporé et mélangez jusqu'à consistance lisse. Répartissez dans deux moules à tarte de 9/23 cm graissés et chemisés et faites cuire dans un four préchauffé à 180°C/350°F/gaz niveau 4 pendant 30 minutes jusqu'à ce qu'ils soient élastiques au toucher. Laisser refroidir, puis sandwich avec le glaçage au beurre citronné.

Gâteau au sucre à la cannelle

Donne un gâteau de 23 cm/9 pouces

1½ tasse/6 oz/175 g de farine auto-levante

10 ml/2 cuillères à café de levure chimique

Une pincée de sel

6 oz/175 g/¾ tasse de sucre en poudre (superfin)

2 oz/50 g/¼ tasse de beurre ou de margarine, fondu

1 oeuf, légèrement battu

120 ml/4 oz/½ tasse de lait

2,5 ml/½ cuillère à café d'essence de vanille (extrait)

                        Pour la couverture :
2 oz/50 g/¼ tasse de beurre ou de margarine, fondu

2 oz/50 g/¼ tasse de cassonade douce

2,5 ml/½ cuillère à café de cannelle moulue

Battre tous les ingrédients du gâteau jusqu'à consistance lisse et bien mélangée. Verser dans un moule à gâteau beurré de 23 cm/9 po et cuire dans un four préchauffé à 180°C/350°F/thermostat 4 pendant 25 minutes jusqu'à ce qu'il soit doré. Badigeonner le gâteau chaud avec le beurre. Mélanger le sucre et la cannelle et saupoudrer dessus. Remettre le gâteau au four pendant 5 minutes supplémentaires.

gâteau au thé victorien

Donne un gâteau de 20 cm/8 pouces

8 oz/225 g/1 tasse de beurre ou de margarine, ramolli

8 oz/225 g/1 tasse de sucre en poudre (superfin)

8 oz/225 g/2 tasses de farine auto-levante

¼ tasse/1 oz/25 g de semoule de maïs (amidon de maïs)

30 ml/2 cuillères à soupe de graines de carvi

5 œufs, séparés

Sucre granulé pour saupoudrer

Crémer le beurre ou la margarine et le sucre jusqu'à ce qu'ils soient pâles et mousseux. Ajouter la farine, la semoule de maïs et les graines de carvi. Battre les jaunes d'œufs, puis les incorporer au mélange. Battre les blancs d'œufs en neige ferme, puis les incorporer délicatement au mélange avec une cuillère en métal. Verser dans un moule à gâteau de 20 cm de diamètre graissé et chemisé et saupoudrer de sucre. Cuire dans un four préchauffé à 180°C/350°F/gaz niveau 4 pendant 1h30 jusqu'à ce qu'ils soient dorés et commencent à rétrécir sur les parois du moule.

Gâteau aux fruits tout-en-un

Donne un gâteau de 20 cm/8 pouces

¾ tasse/6 oz/175 g de beurre ou de margarine, ramolli

6 oz/175 g/¾ tasse de cassonade douce

3 oeufs

15 ml/1 cuillère à soupe de sirop doré (maïs clair)

4 oz/100 g/½ tasse de cerises glacées (confites)

100g/4oz/2/3 tasse de raisins secs (raisins dorés)

100g/4oz/2/3 tasse de raisins secs

8 oz/225 g/2 tasses de farine auto-levante

10 ml/2 cuillères à café d'épices mélangées moulues (tarte aux pommes)

Placer tous les ingrédients dans un bol et mélanger jusqu'à ce qu'ils soient bien mélangés, ou passer au robot culinaire. Verser dans un moule à cake de 20 cm graissé et chemisé et cuire au four préchauffé à 160°C/325°F/thermostat 3 pendant 1h30 jusqu'à ce qu'un cure-dent inséré au centre en ressorte propre. Laisser dans le moule 5 minutes, puis démouler sur une grille pour terminer le refroidissement.

Gâteau aux fruits tout-en-un

Donne un gâteau de 20 cm/8 pouces

12 oz/350 g/2 tasses de mélange montagnard (mélange pour gâteau aux fruits)

100 g/4 oz/½ tasse de beurre ou de margarine

100 g/4 oz/½ tasse de cassonade douce

150 ml/¼ st/2/3 tasse d'eau

2 gros œufs, battus

8 oz/225 g/2 tasses de farine auto-levante

5 ml / 1 c. à thé d'épices mélangées moulues (tarte aux pommes)

Mettre les fruits, le beurre ou la margarine, le sucre et l'eau dans une casserole, porter à ébullition et laisser mijoter 15 minutes. Laisser refroidir. Ajouter des cuillères à soupe d'œufs en alternance avec la farine et les épices mélangées et bien mélanger. Versez dans un moule à cake beurré de 20 cm et faites cuire dans un four préchauffé à 140°C/275°F/gaz niveau 1 pendant 1h à 1h30 jusqu'à ce qu'un cure-dent inséré au centre en ressorte propre.

gâteau aux fruits australien

Donne un gâteau de 2 lb/900 g

100 g/4 oz/½ tasse de beurre ou de margarine

8 oz/225 g/1 tasse de cassonade douce

250 ml/8 fl oz/1 tasse d'eau

12 oz/350 g/2 tasses de mélange montagnard (mélange pour gâteau aux fruits)

5 ml/1 cuillère à café de bicarbonate de soude (bicarbonate de sodium)

10 ml/2 cuillères à café d'épices mélangées moulues (tarte aux pommes)

5 ml/1 cuillère à café de gingembre moulu

4 oz/100 g/1 tasse de farine auto-levante

1 tasse/4 oz/100 g de farine ordinaire (tout usage)

1 œuf battu

Dans une casserole, porter à ébullition tous les ingrédients sauf les farines et l'œuf. Retirer du feu et laisser refroidir. Mélanger les farines et l'œuf. Placer le mélange dans un moule à pain de 900 g/2 lb graissé et chemisé et cuire dans un four préchauffé à 160°C/325°F/gaz niveau 3 pendant 1 heure jusqu'à ce qu'il soit bien gonflé et un cure-dent inséré au centre. sortir propre

Tarte américaine riche

Donne un gâteau de 10/25 cm

225g/8oz/1 1/3 tasses de groseilles

4 oz/100 g/1 tasse d'amandes émondées

15 ml/1 cuillère à soupe d'eau de fleur d'oranger

45 ml/3 cuillères à soupe de xérès sec

1 gros jaune d'oeuf

2 oeufs

12 oz/350 g/1½ tasse de beurre ou de margarine, ramolli

6 oz/175 g/¾ tasse de sucre en poudre (superfin)

Une pincée de masse moulue

Une pincée de cannelle moulue

Une pincée de clous de girofle moulus

Une pincée de gingembre moulu

Une pincée de muscade râpée

30 ml/2 cuillères à soupe de cognac

8 oz/2 tasses/225 g de farine ordinaire (tout usage)

2 oz/50 g/½ tasse de zeste mixte haché (confit)

Faire tremper les groseilles dans de l'eau chaude pendant 15 minutes, puis bien les égoutter. Broyez les amandes avec l'eau de fleur d'oranger et 15 ml/1 cuillère à soupe de xérès jusqu'à ce qu'elles soient fines. Battre le jaune d'oeuf et les oeufs. Crémer le beurre ou la margarine et le sucre, puis ajouter le mélange d'amandes et les œufs et battre jusqu'à consistance épaisse et blanche. Ajouter les épices, le sherry restant et le brandy. Ajouter la farine, puis incorporer les raisins de Corinthe et le zeste mixé. Verser dans un moule à tarte de 25 cm/10 beurré et cuire dans un four préchauffé à 180°C/350°F/thermostat 4 pendant environ 1 heure jusqu'à ce qu'un cure-dent inséré au centre en ressorte propre.

Gâteau aux fruits de caroube

Donne un gâteau de 18 cm/7 pouces

1 lb/450 g/2 2/3 tasses de raisins secs

300 ml/½ pt/1¼ tasse de jus d'orange

¾ tasse/6 oz/175 g de beurre ou de margarine, ramolli

3 oeufs, légèrement battus

8 oz/2 tasses/225 g de farine ordinaire (tout usage)

3 oz/75 g/¾ tasse de poudre de caroube

10 ml/2 cuillères à café de levure chimique

le zeste râpé de 2 oranges

2 oz/50 g/½ tasse de noix hachées

Faire tremper les raisins secs dans le jus d'orange pendant une nuit. Mélanger le beurre ou la margarine et les œufs jusqu'à consistance lisse. Incorporer graduellement les raisins secs, le jus d'orange et le reste des ingrédients. Verser dans un moule à gâteau de 18 cm/7" graissé et chemisé et cuire dans un four préchauffé à 180°C/350°F/thermostat 4 pendant 30 minutes, puis réduire la température du four à 160°C. / 325°F /thermostat 3 pendant 1h15 supplémentaire jusqu'à ce qu'un cure-dent inséré au centre en ressorte propre. Laisser refroidir dans le moule pendant 10 minutes avant de démouler sur une grille pour terminer le refroidissement.

Gâteau au café aux fruits

Donne un gâteau de 10/25 cm

450 g/1 lb/2 tasses de sucre en poudre (superfin)

450 g/1 lb/2 tasses de dattes dénoyautées (dénoyautées), hachées

1 lb/450 g/22/3 tasses de raisins secs

1 lb/450 g/22/3 tasses de raisins secs (raisins dorés)

4 oz/100 g/½ tasse de cerises glacées (confites), hachées

4 oz/100 g/1 tasse de noix mélangées hachées

450 ml/¾ pt/2 tasses de café noir fort

120 ml/4 oz/½ tasse d'huile

100 g/4 oz/1/3 tasse de sirop doré (maïs léger)

10 ml/2 cuillères à café de cannelle moulue

5 ml/1 cuillère à café de noix de muscade râpée

Une pincée de sel

10 ml/2 cuillères à café de bicarbonate de soude (bicarbonate de soude)

15 ml/1 cuillère à soupe d'eau

2 oeufs, légèrement battus

450 g/1 lb/4 tasses de farine ordinaire (tout usage)

120 ml/4 fl oz/½ tasse de xérès ou de brandy

Porter à ébullition tous les ingrédients sauf le bicarbonate de soude, l'eau, les œufs, la farine et le sherry ou le brandy dans une casserole à fond épais. Faire bouillir pendant 5 minutes en remuant continuellement, puis retirer du feu et laisser refroidir.

Mélanger le bicarbonate de soude avec l'eau et ajouter au mélange de fruits avec les œufs et la farine. Verser dans un moule graissé et tapissé de 25 cm / 10 (moule) et attacher une double couche de papier sulfurisé (ciré) autour de l'extérieur pour s'adapter sur le dessus du moule. Cuire dans un four préchauffé à 160°C/325°F/thermostat 3 pendant 1 heure. Baisser la température du four à 150 °C/300 °F/niveau de gaz 2 et cuire encore 1 heure. Baissez la température du four à 140°C/275°F/gaz niveau 1 et enfournez pour une troisième heure. Baissez à nouveau la température du four à 120°C/250°F/thermostat ½ gaz et faites cuire une dernière heure en recouvrant le dessus du gâteau de papier sulfurisé s'il commence à trop dorer. Une fois cuit, en insérant un cure-dent au centre,

Tarte lourde de Cornouailles

Donne un gâteau de 2 lb/900 g

12 oz/350 g/3 tasses de farine ordinaire (tout usage)

2,5 ml/½ cuillère à café de sel

¾ tasse/6 oz/175 g de shortening (shortening végétal)

3 oz/75 g/1/3 tasse de sucre en poudre (superfin)

175g/6oz/1 tasse de groseilles

Quelques zestes mélangés (confits) hachés (facultatif)

Environ 150 ml/¼ pt/2/3 tasse de lait et d'eau mélangés

1 œuf battu

Mettez la farine et le sel dans un bol, puis frottez-les avec le saindoux jusqu'à ce que le mélange ressemble à de la chapelure. Ajouter les ingrédients secs restants. Ajouter graduellement assez de lait et d'eau pour faire une pâte ferme. Cela ne prendra pas longtemps. Rouler sur une plaque à pâtisserie graissée (à biscuits) d'environ 1/2 cm d'épaisseur. Glacer à l'oeuf battu. Dessinez un motif entrecroisé sur le dessus avec la pointe d'un couteau. Cuire au four préchauffé à 160°C/325°F/thermostat 3 pendant environ 20 minutes jusqu'à ce qu'ils soient dorés. Laisser refroidir, puis couper en carrés.

Gâteau aux groseilles

Donne un gâteau de 23 cm/9 pouces

8 oz/225 g/1 tasse de beurre ou de margarine

11 oz/300 g/1½ tasse de sucre en poudre (superfin)

Une pincée de sel

100 ml/3½ fl oz/6½ cuillères à soupe d'eau bouillante

3 oeufs

14 oz/400 g/3½ tasses de farine ordinaire (tout usage)

175g/6oz/1 tasse de groseilles

2 oz/50 g/½ tasse de zeste mixte haché (confit)

100 ml/3½ fl oz/6½ cuillères à soupe d'eau froide

15 ml/1 cuillère à soupe de levure chimique

Dans un bol, mettre le beurre ou la margarine, le sucre et le sel, verser l'eau bouillante et laisser reposer jusqu'à ce qu'ils ramollissent. Battre rapidement jusqu'à consistance lisse et crémeuse. Ajouter les œufs petit à petit, puis incorporer la farine, les raisins de Corinthe et les zestes mélangés en alternance avec l'eau froide. Ajouter la levure chimique. Versez la pâte dans un moule à gâteau beurré de 23 cm/9 pouces et faites cuire dans un four préchauffé à 180°C/350°F/gaz niveau 4 pendant 30 minutes. Baisser la température du four à 150°C/300°F/niveau de gaz 2 et cuire encore 40 minutes jusqu'à ce qu'un cure-dent inséré au centre en ressorte propre. Laisser refroidir dans le moule 10 minutes avant de démouler pour finir de refroidir sur une grille.

gâteau aux fruits noirs

Donne un gâteau de 10/25 cm

8 oz/225 g/1 tasse de fruits mélangés hachés (confits)

12 oz/350 g/2 tasses de dattes dénoyautées (dénoyautées), hachées

8 oz/11/3 tasses/225 g de raisins secs

8 oz/225 g/1 tasse de cerises glacées (confites), hachées

100 g/4 oz/½ tasse d'ananas confit (glacé), haché

4 oz/100 g/1 tasse de noix mélangées hachées

8 oz/2 tasses/225 g de farine ordinaire (tout usage)

5 ml/1 cuillère à café de bicarbonate de soude (bicarbonate de sodium)

5 ml/1 cuillère à café de cannelle moulue

2,5 ml/½ cuillère à café de piment de la Jamaïque

1,5 ml/¼ cuillère à café de clous de girofle moulus

1,5 ml/¼ cuillère à café de sel

8 oz/225 g/1 tasse de shortening (shortening végétal)

8 oz/225 g/1 tasse de cassonade douce

3 oeufs

6 oz/175 g/½ tasse de mélasse verte (mélasse)

2,5 ml/½ cuillère à café d'essence de vanille (extrait)

120 ml/4 oz/½ tasse de babeurre

Mélanger les fruits et les noix. Mélanger la farine, le bicarbonate de soude, les épices et le sel et ajouter 50 g/2 oz/½ tasse aux fruits. Battre le saindoux et le sucre jusqu'à consistance légère et mousseuse. Ajouter les oeufs petit à petit en battant bien après chaque ajout. Ajouter la mélasse et l'essence de vanille. Ajouter le babeurre en alternance avec le reste du mélange de farine et battre jusqu'à consistance lisse. Ajouter les fruits. Verser dans un moule à cake graissé et chemisé de 25 cm/10 et cuire dans un four préchauffé à 140°C/275°F/thermostat 1 pendant 2h30 jusqu'à ce qu'un cure-dent inséré au centre en ressorte propre. Laisser refroidir dans le moule pendant 10 minutes, puis démouler sur une grille pour terminer le refroidissement.

couper et retourner le gâteau

Donne un gâteau de 20 cm/8 pouces

10 oz/12/3 tasses de mélange montagnard (mélange pour gâteau aux fruits)

100 g/4 oz/½ tasse de beurre ou de margarine

150 ml/¼ st/2/3 tasse d'eau

1 œuf battu

8 oz/2 tasses/225 g de farine ordinaire (tout usage)

Une pincée de sel

100 g/4 oz/½ tasse de sucre en poudre (superfin)

Mettez les fruits, le beurre ou la margarine et l'eau dans une casserole et faites cuire à feu doux pendant 20 minutes. Laisser refroidir. Ajouter l'œuf, puis ajouter progressivement la farine, le sel et le sucre. Verser dans un moule à cake beurré de 20 cm/8 pouces et cuire dans un four préchauffé à 160°C/325°F/gaz niveau 3 pendant 1h30 jusqu'à ce qu'un cure-dent inséré au centre en ressorte propre.

Gâteau Dundee

Donne un gâteau de 20 cm/8 pouces

8 oz/225 g/1 tasse de beurre ou de margarine, ramolli

8 oz/225 g/1 tasse de sucre en poudre (superfin)

4 gros œufs

8 oz/2 tasses/225 g de farine ordinaire (tout usage)

Une pincée de sel

12 oz/350 g/2 tasses de groseilles

12 oz/350 g/2 tasses de raisins secs (raisins dorés)

6 oz/175 g/1 tasse de zeste mélangé (confit) haché

4 oz/100 g/1 tasse de cerises glacées (confites), coupées en quartiers

le zeste râpé de ½ citron

2 oz/50 g d'amandes entières, blanchies

Battre le beurre et le sucre jusqu'à ce qu'ils soient pâles et légers. Incorporer les œufs un à un en battant bien entre chaque ajout. Ajouter la farine et le sel. Ajouter les fruits et le zeste de citron. Hacher la moitié des amandes et les ajouter au mélange. Verser dans un moule à gâteau graissé et tapissé de 8/20 cm (moule) et attacher une bande de papier brun autour de l'extérieur du moule de sorte qu'il soit environ 2 pouces/5 cm plus haut que le moule. Concassez les amandes réservées et disposez-les en cercles concentriques sur le dessus du gâteau. Cuire dans un four préchauffé à 150°C/300°F/gaz niveau 2 pendant 3h30 jusqu'à ce qu'un cure-dent inséré au centre en ressorte propre. Vérifiez au bout de 2h30 et si le gâteau commence à trop dorer sur le dessus,

Gâteau aux fruits sans œufs du jour au lendemain

Donne un gâteau de 20 cm/8 pouces

2 oz/50 g/¼ tasse de beurre ou de margarine

8 oz/225 g/2 tasses de farine auto-levante

5 ml/1 cuillère à café de bicarbonate de soude (bicarbonate de sodium)

5 ml/1 cuillère à café de noix de muscade râpée

5 ml / 1 c. à thé d'épices mélangées moulues (tarte aux pommes)

Une pincée de sel

8 oz/11/3 tasses de mélange montagnard (mélange pour gâteau aux fruits)

100 g/4 oz/½ tasse de cassonade douce

250 ml/8 oz/1 tasse de lait

Frotter le beurre ou la margarine dans la farine, le bicarbonate de soude, les épices et le sel jusqu'à ce que le mélange ressemble à de la chapelure. Mélanger les fruits et le sucre, puis ajouter le lait jusqu'à ce que tous les ingrédients soient bien mélangés. Couvrir et laisser une nuit.

Versez le mélange dans un moule à gâteau de 20 cm / 8 pouces graissé et chemisé et faites cuire dans un four préchauffé à 180°C / 350°F / thermostat 4 pendant 1¾ heures jusqu'à ce qu'un cure-dent inséré au centre en ressorte propre.

gâteau aux fruits infaillible

Donne un gâteau de 23 cm/9 pouces

8 oz/225 g/1 tasse de beurre ou de margarine

7 oz/200 g/seulement 1 tasse de sucre en poudre (superfin)

175g/6oz/1 tasse de groseilles

6 oz/175 g/1 tasse de raisins secs (raisins dorés)

2 oz/50 g/½ tasse de zeste mixte haché (confit)

75 g/3 oz/½ tasse de dattes dénoyautées (dénoyautées), hachées

5 ml/1 cuillère à café de bicarbonate de soude (bicarbonate de sodium)

200 ml/7 fl oz/seulement 1 tasse d'eau

2 oz/75 g/¼ tasse de cerises glacées (confites), hachées

4 oz/100 g/1 tasse de noix mélangées hachées

60 ml/4 cuillères à soupe de cognac ou de xérès

11 oz/300 g/2¾ tasses de farine ordinaire (tout usage)

5 ml/1 cuillère à café de levure chimique

Une pincée de sel

2 oeufs, légèrement battus

Faites fondre le beurre ou la margarine, puis ajoutez le sucre, les raisins de Corinthe, les raisins secs, le zeste mélangé et les dattes. Mélanger le bicarbonate de soude avec un peu d'eau et ajouter le mélange de fruits avec l'eau restante. Porter à ébullition, puis laisser mijoter 20 minutes en remuant de temps en temps. Couvrir et laisser reposer toute la nuit.

Graisser et tapisser un moule à gâteau de 9 pouces / 23 cm et attacher une double couche de papier sulfurisé (ciré) ou brun pour s'adapter sur le dessus du moule. Ajouter les cerises glacées, les noix et le brandy ou le sherry au mélange, puis ajouter la farine, la levure chimique et le sel. Ajouter les oeufs. Versez dans le moule à tarte préparé et faites cuire dans un four préchauffé à 160°C/325°F/gaz niveau 3 pendant 1 heure. Baisser la température du four à 140°C/275°F/gaz niveau 1 et cuire encore 1 heure. Réduire à nouveau la température du four à 120°C/250°F/½ gaz et cuire encore 1 heure jusqu'à ce qu'un cure-dent inséré au centre en ressorte propre. Couvrir le dessus du gâteau d'un cercle de papier sulfurisé ou marron vers la fin de la cuisson s'il devient trop brun.

Gâteau aux fruits au gingembre

Donne un gâteau de 18 cm/7 pouces

100 g/4 oz/½ tasse de beurre ou de margarine, ramolli

100 g/4 oz/½ tasse de sucre en poudre (superfin)

2 oeufs, légèrement battus

30 ml/2 cuillères à soupe de lait

8 oz/225 g/2 tasses de farine auto-levante

5 ml/1 cuillère à café de levure chimique

10 ml/2 cuillères à café d'épices mélangées moulues (tarte aux pommes)

5 ml/1 cuillère à café de gingembre moulu

100g/4oz/2/3 tasse de raisins secs

100g/4oz/2/3 tasse de raisins secs (raisins dorés)

Crémer le beurre ou la margarine et le sucre jusqu'à consistance légère et mousseuse. Incorporer progressivement les œufs et le lait, puis ajouter la farine, la levure chimique et les épices, puis les fruits. Verser le mélange dans un moule à tarte de 18 cm/7 graissé et chemisé et cuire dans un four préchauffé à 160°C/325°F/thermostat 3 pendant 1h15 jusqu'à ce qu'il soit bien gonflé et doré.

Gâteau aux fruits au miel des champs

Donne un gâteau de 20 cm/8 pouces

6 oz/175 g/2/3 tasse de beurre ou de margarine, ramolli

175 g/6 oz/½ tasse de miel léger

le zeste râpé de 1 citron

3 oeufs, légèrement battus

8 oz/2 tasses/225 g de farine de blé entier (blé entier)

10 ml/2 cuillères à café de levure chimique

5 ml / 1 c. à thé d'épices mélangées moulues (tarte aux pommes)

100g/4oz/2/3 tasse de raisins secs

100g/4oz/2/3 tasse de raisins secs (raisins dorés)

100g/4oz/2/3 tasse de groseilles

1/3 tasse/2 oz/50 g d'abricots secs prêts-à-manger, hachés

1/3 tasse/2 oz/50 g de zeste mélangé (confit) haché

1 oz/25 g/¼ tasse d'amandes moulues

1 oz/25 g/¼ tasse d'amandes

Crémer le beurre ou la margarine, le miel et le zeste de citron jusqu'à consistance légère et mousseuse. Ajouter les œufs petit à petit, puis ajouter la farine, la levure chimique et le mélange d'épices. Ajouter les fruits et les amandes moulues. Verser dans un moule à cake de 8/20 cm de diamètre beurré et chemisé et faire un petit puits au centre. Disposez les amandes tout autour du bord supérieur du gâteau. Cuire dans un four préchauffé à 160°C/325°F/gaz niveau 3 pendant 2h à 2h30 jusqu'à ce qu'un cure-dent inséré au centre en ressorte propre. Couvrir le dessus du gâteau avec du papier sulfurisé (ciré) vers la fin du temps de cuisson s'il brunit trop. Laisser refroidir dans le moule pendant 10 minutes avant de démouler sur une grille pour terminer le refroidissement.

gâteau de Gênes

Donne un gâteau de 23 cm/9 pouces

8 oz/225 g/1 tasse de beurre ou de margarine, ramolli

100 g/4 oz/½ tasse de sucre en poudre (superfin)

4 œufs, séparés

5 ml/1 cuillère à café d'essence d'amande (extrait)

5 ml/1 cuillère à café de zeste d'orange râpé

8 oz/225 g/11/3 tasses de raisins secs hachés

100g/4oz/2/3 tasse de groseilles hachées

4 oz/100 g/2/3 tasse de raisins secs (raisins dorés), hachés

2 oz/50 g/¼ tasse de cerises glacées (confites), hachées

1/3 tasse/2 oz/50 g de zeste mélangé (confit) haché

4 oz/100 g/1 tasse d'amandes moulues

1 oz/25 g/¼ tasse d'amandes

12 oz/350 g/3 tasses de farine ordinaire (tout usage)

10 ml/2 cuillères à café de levure chimique

5 ml/1 cuillère à café de cannelle moulue

Battez le beurre ou la margarine et le sucre, puis ajoutez les jaunes d'œufs, l'essence d'amande et le zeste d'orange. Mélanger les fruits et les noix avec un peu de farine jusqu'à ce qu'ils soient enrobés, puis ajouter des cuillères à soupe de farine, de levure chimique et de cannelle en alternant avec des cuillères à soupe du mélange de fruits jusqu'à ce qu'ils soient bien mélangés. Battez les blancs d'œufs en neige ferme, puis ajoutez-les au mélange. Verser dans un moule à gâteau de 9/23 cm graissé et chemisé et cuire dans un four préchauffé à 190°C/375°F/thermostat 5 pendant 30 minutes, puis baisser la température du four à 160°C/325°.F/thermostat 3 pendant 1 h 30 de plus jusqu'à ce qu'il soit élastique au toucher et qu'un cure-dent inséré au centre en ressorte propre. Laisser refroidir dans le moule.

gâteau aux fruits glacé

Donne un gâteau de 23 cm/9 pouces

8 oz/225 g/1 tasse de beurre ou de margarine, ramolli

8 oz/225 g/1 tasse de sucre en poudre (superfin)

4 oeufs, légèrement battus

45 ml/3 cuillères à soupe de cognac

9 oz/1¼ tasse/250 g de farine ordinaire (tout usage)

2,5 ml/½ cuillère à café de levure chimique

Une pincée de sel

8 oz/225 g/1 tasse de fruits glacés (confits) tels que cerises, ananas, oranges, figues, tranchés

100g/4oz/2/3 tasse de raisins secs

100g/4oz/2/3 tasse de raisins secs (raisins dorés)

75g/3oz/½ tasse de groseilles

2 oz/50 g/½ tasse de noix mélangées hachées

le zeste râpé de 1 citron

Crémer le beurre ou la margarine et le sucre jusqu'à consistance légère et mousseuse. Incorporer progressivement les œufs et le cognac. Dans un autre bol, mélanger le reste des ingrédients jusqu'à ce que les fruits soient bien enrobés de farine. Incorporer le mélange et bien mélanger. Verser dans un moule à gâteau beurré de 23 cm/9 pouces et cuire dans un four préchauffé à 180°C/350°F/thermostat 4 pendant 30 minutes. Baissez la température du four à 150°C/300°F/niveau de gaz 3 et faites cuire encore 50 minutes jusqu'à ce qu'un cure-dent inséré au centre en ressorte propre.

Gâteau aux fruits à la Guinness

Donne un gâteau de 23 cm/9 pouces

8 oz/225 g/1 tasse de beurre ou de margarine

8 oz/225 g/1 tasse de cassonade douce

300 ml/½ pt/1¼ tasse Guinness ou stout

8 oz/11/3 tasses/225 g de raisins secs

225g/8oz/11/3 tasses de raisins secs (raisins dorés)

225g/8oz/11/3 tasses de groseilles

4 oz/100 g/2/3 tasse de zeste mélangé (confit) haché

550 g/1¼ lb/5 tasses de farine ordinaire (tout usage)

2,5 ml/½ cuillère à café de bicarbonate de soude (bicarbonate de sodium)

5 ml / 1 c. à thé d'épices mélangées moulues (tarte aux pommes)

2,5 ml/½ cuillère à café de noix de muscade râpée

3 oeufs, légèrement battus

Porter à ébullition le beurre ou la margarine, le sucre et la Guinness dans une petite casserole à feu doux, en remuant jusqu'à ce que le tout soit bien mélangé. Mélanger les fruits et l'écorce mélangée, porter à ébullition, puis laisser mijoter 5 minutes. Retirer du feu et laisser refroidir.

Mélanger la farine, le bicarbonate de soude et les épices et faire un puits au centre. Ajouter le mélange de fruits frais et les œufs et mélanger jusqu'à ce que le tout soit bien mélangé. Verser dans un moule à cake graissé et chemisé de 23cm/9 et cuire dans un four préchauffé à 160°C/325°F/thermostat 3 pendant 2 heures jusqu'à ce qu'un cure-dent inséré au centre en ressorte propre. Laisser refroidir dans le moule pendant 20 minutes puis démouler sur une grille pour terminer le refroidissement.

Tarte hachée

Donne un gâteau de 20 cm/8 pouces

8 oz/225 g/2 tasses de farine auto-levante

12 oz/350 g/2 tasses de viande hachée

½ tasse/3 oz/75 g de mélange montagnard (mélange pour gâteau aux fruits)

3 oeufs

5 oz/150 g/2/3 tasse de margarine molle

5 oz/150 g/2/3 tasse de cassonade douce

Mélanger tous les ingrédients jusqu'à ce qu'ils soient bien mélangés. Verser dans un moule à tarte de 20 cm/8 graissé et chemisé et cuire dans un four préchauffé à 160°C/325°F/thermostat 3 pendant 1h30 jusqu'à ce qu'il soit bien gonflé et ferme au toucher.

Gâteau aux fruits aux flocons d'avoine et aux abricots

Donne un gâteau de 20 cm/8 pouces

¾ tasse/6 oz/175 g de beurre ou de margarine, ramolli

2 oz/50 g/¼ tasse de cassonade douce

30 ml/2 cuillères à soupe de miel léger

3 œufs battus

¼ tasses/6 oz/175 g de farine de blé entier (blé entier)

50g/2oz/½ tasse de farine d'avoine

10 ml/2 cuillères à café de levure chimique

9 oz/1½ tasse/250 g de mélange montagnard (mélange pour gâteau aux fruits)

1/3 tasse/2 oz/50 g d'abricots secs prêts-à-manger, hachés

zeste râpé et jus de 1 citron

Battre le beurre ou la margarine et le sucre avec le miel jusqu'à consistance légère et mousseuse. Battez les œufs lentement en alternant avec la farine et la levure chimique. Ajouter les fruits secs et le jus et le zeste de citron. Verser dans un moule à cake de 20 cm de diamètre beurré et chemisé et cuire au four préchauffé à 180°C/350°F/thermostat 4 pendant 1 heure. Baissez la température du four à 160°C/325°F/niveau de gaz 3 et faites cuire encore 30 minutes jusqu'à ce qu'un cure-dent inséré au centre en ressorte propre. Recouvrez le dessus de papier sulfurisé si le gâteau commence à dorer trop vite.

Gâteau aux fruits du jour au lendemain

Donne un gâteau de 20 cm/8 pouces

450 g/1 lb/4 tasses de farine ordinaire (tout usage)

225g/8oz/11/3 tasses de groseilles

225g/8oz/11/3 tasses de raisins secs (raisins dorés)

8 oz/225 g/1 tasse de cassonade douce

1/3 tasse/2 oz/50 g de zeste mélangé (confit) haché

¾ tasse/6 oz/175 g de shortening (shortening végétal)

15 ml/1 cuillère à soupe de sirop doré (maïs clair)

10 ml/2 cuillères à café de bicarbonate de soude (bicarbonate de soude)

15 ml/1 cuillère à soupe de lait

300 ml/½ pinte/1¼ tasse d'eau

Mélanger la farine, les fruits, le sucre et les zestes. Faire fondre le saindoux et le sirop et incorporer au mélange. Dissoudre le bicarbonate de soude dans le lait et l'incorporer au mélange à gâteau avec l'eau. Verser dans un moule à tarte de 20 cm de diamètre beurré, couvrir et laisser lever toute la nuit.

Cuire le gâteau dans un four préchauffé à 160 °C/375 °F/gaz niveau 3 pendant 1h30 jusqu'à ce qu'un cure-dent inséré au centre en ressorte propre.

gâteau aux raisins secs et aux épices

Donne un pain de 900g/2lb

8 oz/225 g/1 tasse de cassonade douce

300 ml/½ pinte/1¼ tasse d'eau

100 g/4 oz/½ tasse de beurre ou de margarine

15 ml/1 cuillère à soupe de mélasse verte (mélasse)

6 oz/175 g/1 tasse de raisins secs

5 ml/1 cuillère à café de cannelle moulue

2,5 ml/½ cuillère à café de muscade râpée

2,5 ml/½ cuillère à café de piment de la Jamaïque

8 oz/2 tasses/225 g de farine ordinaire (tout usage)

5 ml/1 cuillère à café de levure chimique

5 ml/1 cuillère à café de bicarbonate de soude (bicarbonate de sodium)

Faire fondre le sucre, l'eau, le beurre ou la margarine, la mélasse, les raisins secs et les épices dans une petite casserole à feu moyen, en remuant continuellement. Porter à ébullition et laisser mijoter 5 minutes. Retirer du feu et ajouter les ingrédients restants. Verser le mélange dans un moule à pain de 900 g / 2 lb graissé et tapissé et cuire dans un four préchauffé à 180 ° C / 350 ° F / thermostat 4 pendant 50 minutes jusqu'à ce qu'un cure-dent inséré au centre en ressorte propre.

gâteau richmond

Donne un gâteau de 15 cm/6 pouces

8 oz/2 tasses/225 g de farine ordinaire (tout usage)

Une pincée de sel

3 oz/75 g/1/3 tasse de beurre ou de margarine

100 g/4 oz/½ tasse de sucre en poudre (superfin)

2,5 ml/½ cuillère à café de levure chimique

100g/4oz/2/3 tasse de groseilles

2 oeufs battus

Un peu de lait

Mettez la farine et le sel dans un bol et frottez-les avec le beurre ou la margarine jusqu'à ce que le mélange ressemble à de la chapelure. Ajouter le sucre, la levure chimique et les raisins de Corinthe. Ajouter les œufs et suffisamment de lait pour mélanger jusqu'à l'obtention d'une pâte épaisse. Transvaser dans un moule à cake de 15 cm beurré et chemisé. Cuire dans un four préchauffé à 190°C/375°F/thermostat 5 pendant environ 45 minutes jusqu'à ce qu'un cure-dent inséré au centre en ressorte propre. Laisser refroidir sur une grille.

Gâteau aux fruits au safran

Donne deux gâteaux de 1 lb/450 g

2,5 ml/½ cuillère à café de filaments de safran

Eau tiède

½ oz/15 g de levure fraîche ou 4 c. à thé/20 ml de levure sèche

2 lb/8 tasses/900 g de farine ordinaire (tout usage)

8 oz/225 g/1 tasse de sucre en poudre (superfin)

2,5 ml/½ cc d'épices mélangées moulues (tarte aux pommes)

Une pincée de sel

100 g/4 oz/½ tasse de shortening (shortening végétal)

100 g/4 oz/½ tasse de beurre ou de margarine

300 ml/½ pt/1¼ tasse de lait chaud

12 oz/350 g/2 tasses de mélange montagnard (mélange pour gâteau aux fruits)

50 g / 2 oz / 1/3 tasse de zeste mélangé (confit) haché

> Hachez les filaments de safran et faites-les tremper dans 3 cuillères à soupe/45 ml d'eau tiède pendant une nuit.

Mélangez la levure avec 30 ml/2 cuillères à soupe de farine, 5 ml/1 cuillère à café de sucre et 75 ml/5 cuillères à soupe d'eau tiède et laissez reposer dans un endroit chaud pendant 20 minutes jusqu'à ce qu'elle mousse.

Mélangez le reste de la farine et du sucre avec les épices et le sel. Frottez ensemble le saindoux et le beurre ou la margarine jusqu'à ce que le mélange ressemble à de la chapelure, puis faites un puits au centre. Ajouter le mélange de levure, le safran et le safran liquide, le lait chaud, les fruits et le zeste mélangé et mélanger jusqu'à consistance lisse. Placer dans un récipient huilé, couvrir d'un film alimentaire (pellicule plastique) et laisser dans un endroit chaud pendant 3 heures.

Façonner en deux pains, placer dans deux moules à pain graissés de 1 lb/450 g et cuire dans un four préchauffé à 220°C/450°F/gaz niveau 7 pendant 40 minutes jusqu'à ce qu'ils soient bien gonflés et dorés.

Gâteau aux fruits soda

Donne un gâteau de 1 lb/450 g

8 oz/2 tasses/225 g de farine ordinaire (tout usage)

1,5 ml/¼ cuillère à café de sel

Une pincée de bicarbonate de soude (bicarbonate de soude)

2 oz/50 g/¼ tasse de beurre ou de margarine

2 oz/50 g/¼ tasse de sucre en poudre (superfin)

4 oz/100 g/2/3 tasse de mélange montagnard (mélange pour gâteau aux fruits)

150 ml/¼ pt/2/3 tasse de lait aigre ou de lait avec 5 ml/1 cuillère à café de jus de citron

5 ml/1 cuillère à café de mélasse noire (mélasse)

Mélanger la farine, le sel et le bicarbonate de soude dans un bol. Frotter dans du beurre ou de la margarine jusqu'à ce que le mélange ressemble à de la chapelure. Ajouter le sucre et les fruits et bien mélanger. Chauffer le lait et la mélasse jusqu'à ce que la mélasse ait fondu, puis ajouter aux ingrédients secs et mélanger jusqu'à épaississement. Verser dans un moule à cake graissé de 450 g/1 lb (plateau) et cuire dans un four préchauffé à 190 °C/375 °F/gaz niveau 5 pendant environ 45 minutes jusqu'à ce qu'il soit doré.

gâteau aux fruits rapide

Donne un gâteau de 20 cm/8 pouces

1 lb/450 g/22/3 tasses de fruits séchés mélangés (mélange pour gâteau aux fruits)

8 oz/225 g/1 tasse de cassonade douce

100 g/4 oz/½ tasse de beurre ou de margarine

150 ml/¼ st/2/3 tasse d'eau

2 oeufs battus

8 oz/225 g/2 tasses de farine auto-levante

Porter à ébullition les fruits, le sucre, le beurre ou la margarine et l'eau, puis couvrir et laisser mijoter 15 minutes. Laisser refroidir. Ajouter les œufs et la farine, puis verser le mélange dans un moule à cake de 8/20 cm graissé et chemisé et faire cuire dans un four préchauffé à 150°C/300°F/gaz niveau 3 pendant 1h30 jusqu'à ce qu'il soit doré. loin des côtés de la boîte.

gâteau aux fruits avec thé chaud

Donne un gâteau de 2 lb/900 g

1 lb/2½ tasses/450 g de mélange montagnard (mélange pour gâteau aux fruits)

300 ml/½ pt/1¼ tasse de thé noir chaud

10 oz/350 g/1¼ tasse de cassonade douce

10 oz/350 g/2½ tasses de farine auto-levante

1 œuf battu

Placer les fruits dans le thé chaud et laisser infuser toute la nuit. Ajouter le sucre, la farine et l'œuf et verser dans un moule à pain de 900 g / 2 lb graissé et chemisé. Cuire dans un four préchauffé à 160°C/325°F/gaz niveau 3 pendant 2 heures jusqu'à ce qu'ils soient bien gonflés et dorés.

Gâteau aux fruits au thé froid

Donne un gâteau de 15 cm/6 pouces

100 g/4 oz/½ tasse de beurre ou de margarine

8 oz/1 1/3 tasses de mélange montagnard (mélange pour gâteau aux fruits)

250 ml/8 fl oz/1 tasse de thé noir froid

8 oz/225 g/2 tasses de farine auto-levante

100 g/4 oz/½ tasse de sucre en poudre (superfin)

5 ml/1 cuillère à café de bicarbonate de soude (bicarbonate de sodium)

1 œuf large

Faire fondre le beurre ou la margarine dans une casserole, ajouter les fruits et le thé et porter à ébullition. Laisser mijoter 2 minutes, puis laisser refroidir. Ajouter les ingrédients restants et bien mélanger. Verser dans un moule à gâteau de 15 cm/6 de diamètre graissé et chemisé et cuire dans un four préchauffé à 160°C/325°F/thermostat 3 pendant 1h30 à 1h30 jusqu'à ce qu'il soit ferme au toucher. Laisser refroidir, puis servir tranché et beurré.

gâteau aux fruits sans sucre

Donne un gâteau de 20 cm/8 pouces

4 abricots secs

60 ml/4 cuillères à soupe de jus d'orange

250 ml/8 fl oz/1 tasse de stout

100g/4oz/2/3 tasse de raisins secs (raisins dorés)

100g/4oz/2/3 tasse de raisins secs

2 oz/50 g/¼ tasse de groseilles

2 oz/50 g/¼ tasse de beurre ou de margarine

8 oz/225 g/2 tasses de farine auto-levante

3 oz/75 g/¾ tasse de noix mélangées hachées

10 ml/2 cuillères à café d'épices mélangées moulues (tarte aux pommes)

5 ml/1 cuillère à café de poudre de café instantané

3 oeufs, légèrement battus

15 ml/1 cuillère à soupe de cognac ou de whisky

Faire tremper les abricots dans le jus d'orange jusqu'à ce qu'ils soient tendres, puis les hacher. Mettre dans une casserole avec le stout, les fruits secs et le beurre ou la margarine, porter à ébullition et laisser mijoter pendant 20 minutes. Laisser refroidir.

Mélanger la farine, les noix, les épices et le café. Mélangez le mélange de stout, les œufs et le brandy ou le whisky. Verser la préparation dans un moule à tarte de 20 cm de diamètre beurré et chemisé et cuire au four préchauffé à 180°C/350°F/thermostat 4 pendant 20 minutes. Baisser la température du four à 150°C/300°F/niveau de gaz 2 et cuire encore 1h30 jusqu'à ce qu'un cure-dent inséré au centre en ressorte propre. Couvrir le dessus de papier sulfurisé (ciré) vers la fin du temps de cuisson s'il brunit trop. Laisser refroidir dans le moule pendant 10 minutes avant de démouler sur une grille pour terminer le refroidissement.

petits gâteaux aux fruits

il y a 48 ans

100 g/4 oz/½ tasse de beurre ou de margarine, ramolli

8 oz/225 g/1 tasse de cassonade douce

2 oeufs, légèrement battus

175 g/6 oz/1 tasse de dattes dénoyautées (dénoyautées), hachées

2 oz/50 g/½ tasse de noix mélangées hachées

15 ml/1 cuillère à soupe de zeste d'orange râpé

8 oz/2 tasses/225 g de farine ordinaire (tout usage)

5 ml/1 cuillère à café de bicarbonate de soude (bicarbonate de sodium)

2,5 ml/½ cuillère à café de sel

150 ml/¼ pt/2/3 tasse de babeurre

6 cerises à glacer (confites), tranchées

Glaçage au gâteau aux fruits à l'orange

Crémer le beurre ou la margarine et le sucre jusqu'à consistance légère et mousseuse. Battre les oeufs petit à petit. Ajouter les dattes, les noix et le zeste d'orange. Mélanger la farine, le bicarbonate de soude et le sel. Ajouter au mélange en alternant avec le babeurre et battre jusqu'à ce que le tout soit bien mélangé. Verser dans des moules à muffins graissés de 2/5 cm (moules à muffins) et garnir avec les cerises. Cuire au four préchauffé à 190°C/375°F/thermostat 5 pendant 20 minutes jusqu'à ce qu'un cure-dent inséré au centre en ressorte propre. Transférer sur une grille de refroidissement et laisser jusqu'à ce qu'il soit chaud, puis badigeonner avec le glaçage à l'orange.

gâteau au vinaigre de fruits

Donne un gâteau de 23 cm/9 pouces

8 oz/225 g/1 tasse de beurre ou de margarine

450 g/1 lb/4 tasses de farine ordinaire (tout usage)

225g/8oz/1⅓ tasses de raisins secs (raisins dorés)

100g/4oz/⅔ tasse de raisins secs

100g/4oz/⅔ tasse de groseilles

8 oz/225 g/1 tasse de cassonade douce

5 ml/1 cuillère à café de bicarbonate de soude (bicarbonate de sodium)

300 ml/½ pt/1¼ tasse de lait

45 ml/3 cuillères à soupe de vinaigre de malt

Frotter le beurre ou la margarine dans la farine jusqu'à ce que le mélange ressemble à de la chapelure. Ajouter les fruits et le sucre et faire un puits au centre. Mélangez le bicarbonate de soude, le lait et le vinaigre; le mélange va mousser. Ajouter les ingrédients secs jusqu'à ce qu'ils soient bien mélangés. Versez le mélange dans un moule à cake de 9/23 cm graissé et chemisé et faites cuire dans un four préchauffé à 200°C/400°F/thermostat 6 pendant 25 minutes. Baissez la température du four à 160°C/325°F/niveau de gaz 3 et faites cuire encore 1h30 jusqu'à ce qu'ils soient dorés et fermes au toucher. Laisser refroidir dans le moule pendant 5 minutes, puis démouler sur une grille pour terminer le refroidissement.

Gâteau au whisky de Virginie

Donne un gâteau de 1 lb/450 g

100 g/4 oz/½ tasse de beurre ou de margarine, ramolli

2 oz/50 g/¼ tasse de sucre en poudre (superfin)

3 œufs, séparés

1½ tasse/6 oz/175 g de farine ordinaire (tout usage)

5 ml/1 cuillère à café de levure chimique

Une pincée de muscade râpée

Une pincée de masse moulue

Port de 120 ml/4 oz liq./½ tasse

30 ml/2 cuillères à soupe de cognac

4 oz/100 g/2/3 tasse de mélange montagnard (mélange pour gâteau aux fruits)

120 ml/4 oz/½ tasse de whisky

Battre le beurre et le sucre jusqu'à consistance lisse. Mélanger les jaunes d'œufs. Mélanger la farine, la levure chimique et les épices et incorporer au mélange. Ajouter le porto, le brandy et les fruits secs. Battre les blancs d'œufs jusqu'à ce qu'ils forment des pics mous, puis les incorporer au mélange. Verser dans un moule à cake graissé de 450g/1lb et cuire dans un four préchauffé à 160°C/325°F/gaz niveau 3 pendant 1 heure jusqu'à ce qu'un cure-dent inséré au centre en ressorte propre. Laisser refroidir dans le moule, puis verser le whisky sur le gâteau et laisser dans le moule pendant 24 heures avant de couper.

Tarte aux fruits galloise

Donne un gâteau de 23 cm/9 pouces

2 oz/50 g/¼ tasse de beurre ou de margarine

2 oz/50 g/¼ tasse de shortening (shortening végétal)

8 oz/2 tasses/225 g de farine ordinaire (tout usage)

Une pincée de sel

10 ml/2 cuillères à café de levure chimique

100g/4oz/½ tasse de sucre demerara

6 oz/175 g/1 tasse de mélange montagnard (mélange pour gâteau aux fruits)

Zeste râpé et jus de ½ citron

1 oeuf, légèrement battu

30 ml/2 cuillères à soupe de lait

Frottez le beurre ou la margarine et le saindoux dans la farine, le sel et la levure chimique jusqu'à ce que le mélange ressemble à de la chapelure. Ajouter le sucre, les fruits et le zeste et le jus de citron, puis incorporer l'œuf et le lait et pétrir en une pâte lisse. Façonner dans un moule carré de 23 cm / 9 pouces graissé et tapissé et cuire dans un four préchauffé à 200 ° C / 400 ° F / thermostat 6 pendant 20 minutes jusqu'à ce qu'il soit gonflé et doré.

gâteau aux fruits blancs

Donne un gâteau de 23 cm/9 pouces

100 g/4 oz/½ tasse de beurre ou de margarine, ramolli

8 oz/225 g/1 tasse de sucre en poudre (superfin)

5 œufs, légèrement battus

12 oz/350 g/2 tasses de noix mélangées

12 oz/350 g/2 tasses de raisins secs (raisins dorés)

100 g/4 oz/2/3 tasse de dattes dénoyautées (dénoyautées), hachées

4 oz/100 g/½ tasse de cerises glacées (confites), hachées

100 g/4 oz/½ tasse d'ananas confit (glacé), haché

4 oz/100 g/1 tasse de noix mélangées hachées

8 oz/2 tasses/225 g de farine ordinaire (tout usage)

10 ml/2 cuillères à café de levure chimique

2,5 ml/½ cuillère à café de sel

60 ml/4 cuillères à soupe de jus d'ananas

Crémer le beurre ou la margarine et le sucre jusqu'à consistance légère et mousseuse. Ajouter les oeufs petit à petit en battant bien après chaque ajout. Mélangez tous les fruits, les noix et un peu de farine jusqu'à ce que les ingrédients soient bien recouverts de farine. Mélanger la poudre à pâte et le sel dans le reste de la farine, puis incorporer au mélange d'œufs en alternant avec le jus d'ananas jusqu'à homogénéité. Ajouter les fruits et bien mélanger. Verser dans un moule à tarte de 23 cm de diamètre beurré et chemisé et cuire dans un four préchauffé à 140°C/275°F/thermostat 1 pendant environ 2h30 jusqu'à ce qu'un cure-dent inséré au centre en ressorte propre. Laisser refroidir dans le moule pendant 10 minutes avant de démouler sur une grille pour terminer le refroidissement.

Tarte aux pommes

Donne un gâteau de 20 cm/8 pouces

1½ tasse/6 oz/175 g de farine auto-levante

5 ml/1 cuillère à café de levure chimique

Une pincée de sel

5 oz/150 g/2/3 tasse de beurre ou de margarine

5 oz/150 g/2/3 tasse de sucre en poudre (superfin)

1 œuf battu

175 ml/6 oz liq./¾ tasse de lait

3 pommes de table (pour le dessert), pelées, évidées et tranchées

2,5 ml/½ cuillère à café de cannelle moulue

15 ml/1 cuillère à soupe de miel léger

Mélanger la farine, la poudre à pâte et le sel. Frotter le beurre ou la margarine jusqu'à ce que le mélange ressemble à de la chapelure, puis ajouter le sucre. Mélanger l'œuf et le lait. Verser le mélange dans un moule à tarte de 8/20 cm graissé et chemisé et presser délicatement les tranches de pomme dessus. Saupoudrer de cannelle et arroser de miel. Cuire dans un four préchauffé à 200°C/400°F/gaz niveau 6 pendant 45 minutes jusqu'à ce qu'ils soient dorés et fermes au toucher.

Tarte aux pommes épicée avec garniture croustillante

Donne un gâteau de 20 cm/8 pouces

3 oz/75 g/1/3 tasse de beurre ou de margarine

1½ tasse/6 oz/175 g de farine auto-levante

2 oz/50 g/¼ tasse de sucre en poudre (superfin)

1 oeuf

75 ml/5 cuillères à soupe d'eau

3 pommes de table (pour le dessert), pelées, évidées et coupées en quartiers

Pour la couverture :

3 oz/75 g/1/3 tasse de sucre demerara

10 ml/2 cuillères à café de cannelle moulue

1 oz/25 g/2 cuillères à soupe de beurre ou de margarine

Frotter le beurre ou la margarine dans la farine jusqu'à ce que le mélange ressemble à de la chapelure. Ajouter le sucre, puis mélanger l'œuf et l'eau pour obtenir une pâte lisse. Ajouter un peu d'eau si le mélange est trop sec. Étalez la pâte dans un moule à gâteau de 8 pouces / 20 cm et pressez les pommes dans la pâte. Saupoudrer de sucre demerara et de cannelle et assaisonner avec du beurre ou de la margarine. Cuire dans un four préchauffé à 180°C/350°F/thermostat 4 pendant 30 minutes jusqu'à ce qu'ils soient dorés et fermes au toucher.

tarte aux pommes américaine

Donne un gâteau de 20 cm/8 pouces

2 oz/50 g/¼ tasse de beurre ou de margarine, ramolli

8 oz/225 g/1 tasse de cassonade douce

1 oeuf, légèrement battu

5 ml/1 cuillère à café d'essence de vanille (extrait)

1 tasse/4 oz/100 g de farine ordinaire (tout usage)

2,5 ml/½ cuillère à café de levure chimique

2,5 ml/½ cuillère à café de bicarbonate de soude (bicarbonate de sodium)

2,5 ml/½ cuillère à café de sel

2,5 ml/½ cuillère à café de cannelle moulue

2,5 ml/½ cuillère à café de noix de muscade râpée

1 lb/450 g de pommes à manger (dessert), pelées, évidées et coupées en dés

1 oz/25 g/¼ tasse d'amandes hachées

Crémer le beurre ou la margarine et le sucre jusqu'à consistance légère et mousseuse. Ajouter progressivement l'œuf et l'essence de vanille. Mélanger la farine, la poudre à pâte, le bicarbonate de soude, le sel et les épices et fouetter dans le mélange jusqu'à homogénéité. Ajouter les pommes et les noix. Verser dans un moule carré de 20 cm / 8 pouces graissé et chemisé et cuire dans un four préchauffé à 180°C / 350°F / thermostat 4 pendant 45 minutes jusqu'à ce qu'un cure-dent inséré au centre en ressorte propre.

Tarte aux pommes

Donne un gâteau de 2 lb/900 g

100 g/4 oz/½ tasse de beurre ou de margarine, ramolli

8 oz/225 g/1 tasse de cassonade douce

2 oeufs, légèrement battus

8 oz/2 tasses/225 g de farine ordinaire (tout usage)

5 ml/1 cuillère à café de cannelle moulue

2,5 ml/½ cuillère à café de noix de muscade râpée

4 oz/100 g/1 tasse de compote de pommes (sauce)

5 ml/1 cuillère à café de bicarbonate de soude (bicarbonate de sodium)

30 ml/2 cuillères à soupe d'eau chaude

Crémer le beurre ou la margarine et le sucre jusqu'à consistance légère et mousseuse. Incorporer les œufs petit à petit. Ajouter la farine, la cannelle, la muscade et la compote de pommes. Mélanger le bicarbonate de soude avec l'eau chaude et l'incorporer au mélange. Verser dans un moule à cake beurré de 900 g/2 lb et cuire dans un four préchauffé à 180°C/350°F/gaz niveau 4 pendant 1h30 jusqu'à ce qu'un cure-dent inséré au centre s'enclenche.

tarte au cidre de pomme

Donne un gâteau de 20 cm/8 pouces

100 g/4 oz/½ tasse de beurre ou de margarine, ramolli

5 oz/150 g/2/3 tasse de sucre en poudre (superfin)

3 oeufs

8 oz/225 g/2 tasses de farine auto-levante

5 ml / 1 c. à thé d'épices mélangées moulues (tarte aux pommes)

5 ml/1 cuillère à café de bicarbonate de soude (bicarbonate de sodium)

5 ml/1 cuillère à café de levure chimique

150 ml/¼ pt/2/3 tasse de cidre sec

2 pommes à cuire (aigres), pelées, évidées et tranchées

3 oz/75 g/1/3 tasse de sucre demerara

4 oz/100 g/1 tasse de noix mélangées hachées

Mélanger le beurre ou la margarine, le sucre, les œufs, la farine, les épices, le bicarbonate de soude, la poudre à pâte et 120 ml/4 fl oz/½ tasse de cidre jusqu'à homogénéité, en ajoutant le reste du cidre si nécessaire pour créer une pâte lisse. Verser la moitié du mélange dans un moule à cake de 8/20 cm graissé et chemisé et recouvrir de la moitié des tranches de pomme. Mélangez le sucre et les noix ensemble et étalez la moitié sur les pommes. Verser le reste du mélange à gâteau et garnir avec les pommes restantes et le reste du mélange sucre-noix. Cuire dans un four préchauffé à 180°C/350°F/thermostat 4 pendant 1 heure jusqu'à ce qu'ils soient dorés et fermes au toucher.

Tarte aux pommes et à la cannelle

Donne un gâteau de 23 cm/9 pouces

100 g/4 oz/½ tasse de beurre ou de margarine

100 g/4 oz/½ tasse de sucre en poudre (superfin)

1 oeuf, légèrement battu

1 tasse/4 oz/100 g de farine ordinaire (tout usage)

5 ml/1 cuillère à café de levure chimique

30 ml/2 cuillères à soupe de lait (facultatif)

2 grosses pommes à cuire (aigres), pelées, évidées et tranchées

30 ml/2 cuillères à soupe de sucre glace (superfin)

5 ml/1 cuillère à café de cannelle moulue

1 oz/25 g/¼ tasse d'amandes hachées

30 ml/2 cuillères à soupe de sucre demerara

Crémer le beurre ou la margarine et le sucre jusqu'à consistance légère et mousseuse. Incorporer l'œuf petit à petit, puis ajouter la farine et la levure chimique. Le mélange doit être assez ferme; s'il est trop ferme, ajouter un peu de lait. Verser la moitié du mélange dans un moule à cake à fond amovible de 9/23 cm de diamètre graissé et chemisé. Disposer les tranches de pomme dessus. Mélanger le sucre et la cannelle et saupoudrer les amandes sur les pommes. Garnir du mélange à gâteau restant et saupoudrer de sucre demerara. Cuire dans un four préchauffé à 180°C/350°F/gaz niveau 4 pendant 30 à 35 minutes jusqu'à ce qu'un cure-dent inséré au centre en ressorte propre.

Tarte aux pommes espagnole

Donne un gâteau de 23 cm/9 pouces

6 oz/175 g/¾ tasse de beurre ou de margarine

6 pommes de table Cox's (dessert), pelées, évidées et coupées en quartiers

30 ml/2 cuillères à soupe d'eau-de-vie de pomme

6 oz/175 g/¾ tasse de sucre en poudre (superfin)

1¼ tasse/5 oz/150 g de farine ordinaire (tout usage)

10 ml/2 cuillères à café de levure chimique

5 ml/1 cuillère à café de cannelle moulue

3 oeufs, légèrement battus

45 ml/3 cuillères à soupe de lait

Pour le glaçage:

60 ml/4 cuillères à soupe de confiture d'abricots (conserves), tamisée (filtrée)

15 ml/1 cuillère à soupe d'eau-de-vie de pomme

5 ml/1 cuillère à café de semoule de maïs (amidon de maïs)

10 ml/2 cuillères à café d'eau

Faire fondre le beurre ou la margarine dans une grande poêle et faire revenir les morceaux de pomme à feu doux pendant 10 minutes en remuant une fois pour les enrober de beurre. Sortez du feu. Hachez un tiers des pommes et ajoutez l'eau-de-vie de pomme, puis mélangez le sucre, la farine, la levure chimique et la cannelle. Ajouter les oeufs et le lait et verser le mélange dans un moule à cake graissé et fariné de 9/23 cm (moule). Placez les tranches de pomme restantes sur le dessus. Cuire dans un four préchauffé à 180°C/350°F/gaz niveau 4 pendant 45 minutes jusqu'à ce qu'il lève bien et soit doré et commence à rétrécir des parois du moule.

Pour faire le glaçage, chauffer la confiture et le brandy ensemble. Mélangez la semoule de maïs en pâte avec l'eau et mélangez-la à la confiture et au brandy. Cuire quelques minutes, en remuant, jusqu'à ce qu'il soit clair. Badigeonner le gâteau chaud et laisser refroidir 30 minutes. Retirer les côtés du moule à gâteau, chauffer à nouveau le glaçage et badigeonner une seconde fois. Laisser refroidir.

Tarte aux pommes et à la sultanine

Donne un gâteau de 20 cm/8 pouces

12 oz/350 g/3 tasses de farine auto-levante

Une pincée de sel

2,5 ml/½ cuillère à café de cannelle moulue

8 oz/225 g/1 tasse de beurre ou de margarine

6 oz/175 g/¾ tasse de sucre en poudre (superfin)

100g/4oz/2/3 tasse de raisins secs (raisins dorés)

1 lb/450 g de pommes à cuire (aigres), pelées, évidées et hachées finement

2 oeufs

Un peu de lait

Mélanger la farine, le sel et la cannelle, puis incorporer le beurre ou la margarine jusqu'à ce que le mélange ressemble à de la chapelure. Ajouter le sucre. Faire un puits au centre et ajouter les raisins secs, les pommes et les œufs et bien mélanger en ajoutant un peu de lait pour obtenir un mélange épais. Verser dans un moule à gâteau graissé de 20 cm/8 po et cuire dans un four préchauffé à 180°C/350°F/thermostat 4 pendant environ 1h30 à 2 heures jusqu'à consistance ferme au toucher. Servir chaud ou froid.

tarte renversée aux pommes

Donne un gâteau de 23 cm/9 pouces

2 pommes de table (pour le dessert), pelées, évidées et tranchées finement

3 oz/75 g/1/3 tasse de cassonade douce

45 ml/3 cuillères à soupe de raisins secs

30 ml/2 cuillères à soupe de jus de citron

Pour le gâteau :

1¾ tasses/7 oz/200 g de farine ordinaire (tout usage)

2 oz/50 g/¼ tasse de sucre en poudre (superfin)

10 ml/2 cuillères à café de levure chimique

5 ml/1 cuillère à café de bicarbonate de soude (bicarbonate de sodium)

5 ml/1 cuillère à café de cannelle moulue

Une pincée de sel

120 ml/4 oz/½ tasse de lait

50 g/2 oz/½ tasse de compote de pommes (sauce)

75 ml/5 cuillères à soupe d'huile

1 oeuf, légèrement battu

5 ml/1 cuillère à café d'essence de vanille (extrait)

Mélanger les pommes, le sucre, les raisins secs et le jus de citron et déposer au fond d'un moule à gâteau graissé de 9 pouces. Mélanger les ingrédients secs pour le gâteau et faire un puits au centre. Mélanger le lait, la compote de pommes, l'huile, l'œuf et l'essence de vanille et incorporer aux ingrédients secs jusqu'à ce qu'ils soient combinés. Versez dans le moule à gâteau et faites cuire dans un four préchauffé à 180°C/350°F/gaz niveau 4 pendant 40 minutes jusqu'à ce que le gâteau soit doré et se détache des parois du moule. Laisser refroidir dans le moule pendant 10 minutes, puis renverser délicatement sur une assiette. Servir chaud ou froid.

Gâteau au pain aux abricots

Donne un pain de 900g/2lb

8 oz/225 g/1 tasse de beurre ou de margarine, ramolli

8 oz/225 g/1 tasse de sucre en poudre (superfin)

2 œufs, bien battus

6 abricots mûrs, dénoyautés (dénoyautés), pelés et écrasés

11 oz/300 g/2¾ tasses de farine ordinaire (tout usage)

5 ml/1 cuillère à café de bicarbonate de soude (bicarbonate de sodium)

Une pincée de sel

3 oz/75 g/¾ tasse d'amandes hachées

Crémer le beurre ou la margarine et le sucre. Incorporer les œufs petit à petit puis ajouter les abricots. Fouetter ensemble la farine, le bicarbonate de soude et le sel. Ajouter les noix. Verser dans un moule à cake graissé et fariné de 900g/2lb et cuire dans un four préchauffé à 180°C / 350°F / thermostat 4 pendant 1 heure jusqu'à ce qu'un cure-dent inséré au centre en ressorte propre. Laisser refroidir dans le moule avant de démouler.

Tarte Abricot Gingembre

Donne un gâteau de 18 cm/7 pouces

4 oz/100 g/1 tasse de farine auto-levante

100 g/4 oz/½ tasse de cassonade douce

10 ml/2 cuillères à café de gingembre moulu

100 g/4 oz/½ tasse de beurre ou de margarine, ramolli

2 oeufs, légèrement battus

100 g/4 oz/2/3 tasse d'abricots secs prêts à manger, hachés

50g/2oz/1/3 tasse de raisins secs

Battre la farine, le sucre, le gingembre, le beurre ou la margarine et les œufs jusqu'à consistance lisse. Ajouter les abricots et les raisins secs. Verser le mélange dans un moule à cake graissé et chemisé de 18 cm/7 et cuire dans un four préchauffé à 180°C/350°F/thermostat 4 pendant 30 minutes jusqu'à ce qu'un cure-dent inséré au centre en ressorte propre.

Tarte aux abricots ivre

Donne un gâteau de 20 cm/8 pouces

120 ml/4 fl oz/½ tasse de cognac ou de rhum

120 ml/4 oz/½ tasse de jus d'orange

8 oz/1 1/3 tasses/225 g d'abricots secs prêts-à-manger, hachés

100g/4oz/2/3 tasse de raisins secs (raisins dorés)

¾ tasse/6 oz/175 g de beurre ou de margarine, ramolli

45 ml/3 cuillères à soupe de miel léger

4 œufs, séparés

1½ tasse/6 oz/175 g de farine auto-levante

10 ml/2 cuillères à café de levure chimique

Porter à ébullition le cognac ou le rhum et le jus d'orange avec les abricots et les raisins secs. Bien mélanger, puis retirer du feu et laisser reposer jusqu'à refroidissement. Crémer ensemble le beurre ou la margarine et le miel, puis incorporer progressivement les jaunes d'œufs. Ajouter la farine et la levure chimique. Battre les blancs d'œufs en neige ferme, puis les incorporer délicatement au mélange. Verser dans un moule à tarte de 20 cm/8 beurré et chemisé et cuire dans un four préchauffé à 180°C/350°F/thermostat 4 pendant 1 heure jusqu'à ce qu'un cure-dent inséré au centre en ressorte propre. Laisser refroidir dans le moule.

Gâteau à la banane

Donne un gâteau de 23 x 33 cm/9 x 13 pouces

4 plantains mûrs, écrasés

2 oeufs, légèrement battus

12 oz/350 g/1½ tasse de sucre en poudre (superfin)

120 ml/4 oz/½ tasse d'huile

5 ml/1 cuillère à café d'essence de vanille (extrait)

2 oz/50 g/½ tasse de noix mélangées hachées

8 oz/2 tasses/225 g de farine ordinaire (tout usage)

10 ml/2 cuillères à café de bicarbonate de soude (bicarbonate de soude)

5 ml/1 cuillère à café de sel

Battre les bananes, les œufs, le sucre, l'huile et la vanille. Ajouter les ingrédients restants et remuer jusqu'à ce qu'ils soient combinés. Vierta en un molde para pasteles de 23 x 33 cm/9 x 13 pulgadas y hornee en un horno precalentado a 180 °C/350 °F/nivel de gas 4 durante 45 minutos hasta que al insertar un palillo en el centro, éste salga propre.

Gâteau aux bananes avec garniture croustillante

Donne un gâteau de 23 cm/9 pouces

100 g/4 oz/½ tasse de beurre ou de margarine, ramolli

11 oz/300 g/11/3 tasses de sucre en poudre (superfin)

2 oeufs, légèrement battus

1½ tasse/6 oz/175 g de farine ordinaire (tout usage)

2,5 ml/½ cuillère à café de sel

1,5 ml/½ cuillère à café de noix de muscade râpée

5 ml/1 cuillère à café de bicarbonate de soude (bicarbonate de sodium)

75 ml/5 cuillères à soupe de lait

Quelques gouttes d'essence de vanille (extrait)

4 bananes, écrasées

Pour la couverture :

2 oz/50 g/¼ tasse de sucre demerara

2 oz/50 g/2 tasses de flocons de maïs broyés

2,5 ml/½ cuillère à café de cannelle moulue

1 oz/25 g/2 cuillères à soupe de beurre ou de margarine

Crémer le beurre ou la margarine et le sucre jusqu'à consistance légère et mousseuse. Incorporer les œufs petit à petit, puis ajouter la farine, le sel et la noix de muscade. Mélangez le bicarbonate de soude avec le lait et l'essence de vanille et incorporez-le au mélange de bananes. Verser dans un moule à gâteau carré de 23 cm/9 graissé et chemisé.

Pour faire la garniture, mélangez le sucre, les cornflakes et la cannelle et frottez-les avec du beurre ou de la margarine. Saupoudrez le gâteau et faites cuire dans un four préchauffé à

180°C/350°F/gaz niveau 4 pendant 45 minutes, jusqu'à consistance ferme au toucher.

Éponge à la banane

Donne un gâteau de 23 cm/9 pouces

100 g/4 oz/½ tasse de beurre ou de margarine, ramolli

100 g/4 oz/½ tasse de sucre en poudre (superfin)

2 oeufs battus

2 gros plantains mûrs, écrasés

8 oz/225 g/1 tasse de farine auto-levante

45 ml/3 cuillères à soupe de lait

Pour le remplissage et la garniture :
8 oz/225 g/1 tasse de fromage à la crème

30 ml / 2 cuillères à soupe de crème sure (produit laitier aigre)

4 oz/100 g de chips de banane plantain séchées

Crémer le beurre ou la margarine et le sucre jusqu'à ce qu'ils soient pâles et mousseux. Ajouter les œufs petit à petit, puis ajouter les bananes et la farine. Mélangez le lait jusqu'à ce que le mélange ait une consistance liquide. Verser dans un moule à tarte de 23 cm/9 graissé et chemisé et cuire dans un four préchauffé à 180°C/350°F/thermostat 4 pendant environ 30 minutes jusqu'à ce qu'un cure-dent inséré au centre en ressorte propre. Transférer sur une grille et laisser refroidir, puis couper en deux horizontalement.

Pour faire la garniture, mélanger le fromage à la crème et la crème sure et utiliser la moitié du mélange pour joindre les deux moitiés du gâteau. Répartir le reste du mélange sur le dessus et décorer avec les chips de plantain.

Gâteau aux bananes riche en fibres

Donne un gâteau de 18 cm/7 pouces

100 g/4 oz/½ tasse de beurre ou de margarine, ramolli

2 oz/50 g/¼ tasse de cassonade douce

2 oeufs, légèrement battus

4 oz/100 g/1 tasse de farine de blé entier (blé entier)

10 ml/2 cuillères à café de levure chimique

2 bananes, écrasées

Pour le remplissage:
8 oz/225 g/1 tasse de fromage cottage (cottage doux)

5 ml/1 cuillère à café de jus de citron

15 ml/1 cuillère à soupe de miel léger

1 banane, tranchée

Sucre glace (glaçage), tamisé, pour saupoudrer

Crémer le beurre ou la margarine et le sucre jusqu'à consistance légère et mousseuse. Incorporer les œufs petit à petit, puis ajouter la farine et la levure chimique. Ajouter délicatement les plantains. Verser le mélange dans deux moules à gâteau graissés et tapissés de 18 cm/7 "et cuire au four préchauffé pendant 30 minutes jusqu'à ce qu'ils soient fermes au toucher. Laisser refroidir.

Pour faire la garniture, mélanger le fromage à la crème, le jus de citron et le miel et étaler sur l'un des gâteaux. Disposez les tranches de banane dessus, puis recouvrez avec le deuxième gâteau. Servir saupoudré de sucre glace.

Gâteau à la banane et au citron

Donne un gâteau de 18 cm/7 pouces

100 g/4 oz/½ tasse de beurre ou de margarine, ramolli

6 oz/175 g/¾ tasse de sucre en poudre (superfin)

2 oeufs, légèrement battus

8 oz/225 g/2 tasses de farine auto-levante

2 bananes, écrasées

Pour le remplissage et la garniture :

75 ml/5 cuillères à soupe de crème de citron

2 bananes, tranchées

45 ml/3 cuillères à soupe de jus de citron

4 oz/100 g/2/3 tasse de sucre glace (glaçage), tamisé

Crémer le beurre ou la margarine et le sucre jusqu'à consistance légère et mousseuse. Ajouter progressivement les œufs en battant bien après chaque ajout, puis ajouter la farine et les bananes. Versez le mélange dans deux moules à sandwich 7/18 cm graissés et chemisés et faites cuire dans un four préchauffé à 180°C/350°F/thermostat 4 pendant 30 minutes. Démouler et laisser refroidir.

Sandwichez les gâteaux avec la crème de citron et la moitié des tranches de banane. Arroser les tranches de banane restantes avec 15 ml/1 cuillère à soupe de jus de citron. Mélanger le jus de citron restant avec le sucre glace pour faire un glaçage ferme (glaçage). Lissez le glaçage sur le gâteau et décorez avec les tranches de banane.

Gâteau au chocolat avec mélangeur à la banane

Donne un gâteau de 20 cm/8 pouces

8 oz/225 g/2 tasses de farine auto-levante

2,5 ml/½ cuillère à café de levure chimique

1½ oz/40 g/3 cuillères à soupe de poudre de chocolat à boire

2 oeufs

60 ml/4 cuillères à soupe de lait

5 oz/150 g/2/3 tasse de sucre en poudre (superfin)

100 g/4 oz/½ tasse de margarine molle

2 plantains mûrs, hachés

Mélanger la farine, la levure chimique et le chocolat à boire. Mélanger les ingrédients restants dans un mélangeur ou un robot culinaire pendant environ 20 secondes ; le mélange aura l'air caillé. Verser dans les ingrédients secs et bien mélanger. Versez dans un moule à tarte de 20 cm de diamètre beurré et tapissé et faites cuire dans un four préchauffé à 180°C/350°F/thermostat 4 pendant environ 1 heure jusqu'à ce qu'un cure-dent inséré au centre en ressorte propre. Transférer sur une grille pour refroidir.

Gâteau aux bananes et cacahuètes

Donne un gâteau de 2 lb/900 g

10 oz/275 g/2½ tasses de farine ordinaire (tout usage)

8 oz/225 g/1 tasse de sucre en poudre (superfin)

4 oz/100 g/1 tasse de cacahuètes, hachées finement

15 ml/1 cuillère à soupe de levure chimique

Une pincée de sel

2 œufs, séparés

6 bananes, écrasées

Zeste râpé et jus de 1 petit citron

2 oz/50 g/¼ tasse de beurre ou de margarine, fondu

Mélanger la farine, le sucre, les noix, la levure chimique et le sel. Battre les jaunes d'œufs et les incorporer au mélange avec les bananes, le zeste et le jus de citron et le beurre ou la margarine. Battez les blancs d'œufs en neige ferme, puis ajoutez-les au mélange. Verser dans un moule à cake graissé de 900g/2lb et cuire dans un four préchauffé à 180°C/350°F/gaz niveau 4 pendant 1 heure jusqu'à ce qu'un cure-dent inséré au centre en ressorte propre.

Gâteau aux bananes et aux raisins tout en un

Donne un gâteau de 2 lb/900 g

1 lb/450 g de plantains mûrs, écrasés

2 oz/50 g/½ tasse de noix mélangées hachées

120 ml / 4 fl oz / ½ tasse d'huile de tournesol

100g/4oz/2/3 tasse de raisins secs

3 oz/75 g/¾ tasse de flocons d'avoine

1¼ tasse/5 oz/150 g de farine de blé entier (blé entier)

1,5 ml/¼ cuillère à café d'essence d'amande (extrait)

Une pincée de sel

Mélanger tous les ingrédients jusqu'à obtenir un mélange lisse et humide. Verser dans un moule à pain de 900 g / 2 lb graissé et chemisé et cuire dans un four préchauffé à 190 ° C / 375 ° F / thermostat 5 pendant 1 heure jusqu'à ce que le gâteau soit doré et qu'un cure-dent inséré au centre en ressorte propre. . Refroidir dans le moule pendant 10 minutes avant de démouler.

Gâteau au whisky à la banane

Donne un gâteau de 10/25 cm

8 oz/225 g/1 tasse de beurre ou de margarine, ramolli

1 lb/450 g/2 tasses de cassonade douce

3 plantains mûrs, écrasés

4 oeufs, légèrement battus

1½ tasse/6 oz/175 g de noix de pécan, hachées grossièrement

225g/8oz/11/3 tasses de raisins secs (raisins dorés)

12 oz/350 g/3 tasses de farine ordinaire (tout usage)

15 ml/1 cuillère à soupe de levure chimique

5 ml/1 cuillère à café de cannelle moulue

2,5 ml/½ cuillère à café de gingembre moulu

2,5 ml/½ cuillère à café de noix de muscade râpée

150 ml/¼ pinte/2/3 tasse de whisky

Crémer le beurre ou la margarine et le sucre jusqu'à consistance légère et mousseuse. Incorporer les bananes, puis incorporer progressivement les œufs. Mélangez les noix et les raisins secs avec une grande cuillère à soupe de farine, puis dans un bol séparé, mélangez le reste de la farine avec la levure chimique et les épices. Incorporer la farine dans le mélange crémeux en alternant avec le whisky. Ajouter les noix et les raisins secs. Verser le mélange dans un moule à gâteau non graissé de 25 cm/10 pouces et cuire dans un four préchauffé à 180°C/350°F/thermostat 4 pendant 1h15 jusqu'à ce qu'il soit élastique au toucher. Laisser refroidir dans le moule pendant 10 minutes avant de démouler sur une grille pour terminer le refroidissement.

Gâteau aux canneberges

Donne un gâteau de 23 cm/9 pouces

6 oz/175 g/¾ tasse de sucre en poudre (superfin)

60 ml/4 cuillères à soupe d'huile

1 oeuf, légèrement battu

120 ml/4 oz/½ tasse de lait

8 oz/2 tasses/225 g de farine ordinaire (tout usage)

10 ml/2 cuillères à café de levure chimique

2,5 ml/½ cuillère à café de sel

8 oz/225 g de bleuets

Pour la couverture :

2 oz/50 g/¼ tasse de beurre ou de margarine, fondu

100g/4oz/½ tasse de sucre cristallisé

¼ tasse/2 oz/50 g de farine ordinaire (tout usage)

2,5 ml/½ cuillère à café de cannelle moulue

Battre le sucre, l'huile et l'œuf jusqu'à ce qu'ils soient bien mélangés et pâles. Ajouter le lait, puis mélanger la farine, la levure chimique et le sel. Ajouter les myrtilles. Verser le mélange dans un moule à tarte de 9/23 cm beurré et fariné. Mélanger les ingrédients pour la garniture et saupoudrer sur le mélange. Cuire dans un four préchauffé à 190°C/375°F/thermostat 5 pendant 50 minutes jusqu'à ce qu'un cure-dent inséré au centre en ressorte propre. Servir chaud.

gâteau pavé de cerises

Donne un gâteau de 2 lb/900 g

¾ tasse/6 oz/175 g de beurre ou de margarine, ramolli

6 oz/175 g/¾ tasse de sucre en poudre (superfin)

3 œufs battus

8 oz/2 tasses/225 g de farine ordinaire (tout usage)

2,5 ml/½ cuillère à café de levure chimique

100g/4oz/2/3 tasse de raisins secs (raisins dorés)

5 oz/150 g/2/3 tasse de cerises glacées (confites), coupées en quartiers

8 oz/225 g de cerises fraîches, dénoyautées (dénoyautées) et coupées en deux

30 ml/2 cuillères à soupe de confiture d'abricots (en conserve)

Battre le beurre ou la margarine jusqu'à consistance lisse, puis incorporer le sucre. Mélanger les œufs, puis la farine, la levure chimique, les raisins secs et les cerises glacées. Verser dans un moule à cake graissé de 900g/2lb (plateau) et cuire dans un four préchauffé à 160°C/325°F/gaz niveau 3 pendant 2h30. Laisser dans le moule 5 minutes, puis démouler sur une grille pour terminer le refroidissement.

Disposez les cerises en rang sur le dessus du gâteau. Porter à ébullition la confiture d'abricots dans une petite casserole, puis filtrer et badigeonner le dessus du gâteau pour le glacer.

gâteau aux cerises et à la noix de coco

Donne un gâteau de 20 cm/8 pouces

12 oz/350 g/3 tasses de farine auto-levante

6 oz/175 g/¾ tasse de beurre ou de margarine

8 oz/225 g/1 tasse de cerises glacées (confites), coupées en quartiers

4 oz/100 g/1 tasse de noix de coco râpée (râpée)

6 oz/175 g/¾ tasse de sucre en poudre (superfin)

2 gros œufs, légèrement battus

200 ml/7 oz/à peine 1 tasse de lait

Placez la farine dans un bol et frottez-la avec le beurre ou la margarine jusqu'à ce que le mélange ressemble à de la chapelure. Mélangez les cerises à la noix de coco, puis ajoutez-les au mélange avec le sucre et mélangez légèrement. Ajouter les œufs et la majeure partie du lait. Bien battre, en ajoutant du lait supplémentaire si nécessaire pour lui donner une consistance lisse. Verser dans un moule à tarte de 20 cm/8 po graissé et chemisé. Cuire dans un four préchauffé à 180°C/350°F/thermostat 4 pendant 1h30 jusqu'à ce qu'un cure-dent inséré au centre en ressorte propre.

Gâteau Sultana aux cerises

Donne un gâteau de 2 lb/900 g

100 g/4 oz/½ tasse de beurre ou de margarine, ramolli

100 g/4 oz/½ tasse de sucre en poudre (superfin)

3 oeufs, légèrement battus

4 oz/100 g/½ tasse de cerises glacées (confites)

12 oz/350 g/2 tasses de raisins secs (raisins dorés)

1½ tasse/6 oz/175 g de farine ordinaire (tout usage)

Une pincée de sel

Crémer le beurre ou la margarine et le sucre jusqu'à consistance légère et mousseuse. Ajouter progressivement les œufs. Mélanger les cerises et les raisins secs avec un peu de farine pour les enrober, puis incorporer la farine restante au mélange avec le sel. Ajouter les cerises et les raisins secs. Verser le mélange dans un moule à cake de 900 g/2 lb graissé et chemisé et cuire dans un four préchauffé à 160°C/325°F/gaz niveau 3 pendant 1h30 jusqu'à ce qu'un cure-dent inséré au centre s'enclenche.

Gâteau glacé aux cerises et aux noix

Donne un gâteau de 18 cm/7 pouces

100 g/4 oz/½ tasse de beurre ou de margarine, ramolli

100 g/4 oz/½ tasse de sucre en poudre (superfin)

2 oeufs, légèrement battus

15 ml/1 cuillère à soupe de miel léger

1 ¼ tasse/5 oz/150 g de farine auto-levante

5 ml/1 cuillère à café de levure chimique

Une pincée de sel

Pour la décoration :

8 oz/225 g/11/3 tasses de sucre à glacer (glaçage), tamisé

30 ml/2 cuillères à soupe d'eau

Quelques gouttes de colorant alimentaire rouge.

4 cerises glacées (confites), coupées en deux

4 moitiés de noix

Crémer le beurre ou la margarine et le sucre jusqu'à consistance légère et mousseuse. Ajouter progressivement les œufs et le miel, puis ajouter la farine, la levure chimique et le sel. Verser le mélange dans un moule à gâteau de 18 cm/8 po graissé et chemisé et cuire dans un four préchauffé à 190°C/375°F/thermostat 5 pendant 20 minutes jusqu'à ce qu'il soit bien gonflé et ferme au toucher. Laisser refroidir.

Mettre le sucre glace dans un bol et ajouter progressivement assez d'eau pour faire un glaçage à tartiner (glaçage). Étalez-en la majeure partie sur le dessus du gâteau. Colorez le reste du glaçage avec quelques gouttes de colorant alimentaire, en ajoutant un peu plus de sucre glace si cela rend le glaçage trop liquide. Versez ou versez le glaçage rouge sur le gâteau pour le diviser en pointes, puis garnissez avec les cerises glacées et les noix de pécan.

Gâteau aux prunes de Damas

Donne un gâteau de 20 cm/8 pouces

100 g/4 oz/½ tasse de beurre ou de margarine, ramolli

3 oz/75 g/1/3 tasse de cassonade douce

2 oeufs, légèrement battus

8 oz/225 g/2 tasses de farine auto-levante

1 lb/450 g de prunes de Damas, dénoyautées (dénoyautées) et coupées en deux

2 oz/50 g/½ tasse de noix mélangées hachées.

Crémer le beurre ou la margarine et le sucre jusqu'à consistance légère et mousseuse, puis ajouter graduellement les œufs en battant bien après chaque ajout. Ajouter la farine et les quetsches. Verser le mélange dans un moule à gâteau de 20 cm graissé et chemisé et saupoudrer de noix. Cuire dans un four préchauffé à 190°C/375°F/thermostat 5 pendant 45 minutes jusqu'à consistance ferme au toucher. Laisser refroidir dans le moule pendant 10 minutes avant de transférer sur une grille pour terminer le refroidissement.

Tarte aux dattes et aux noix

Donne un gâteau de 23 cm/9 pouces

300 ml/½ pt/1¼ tasse d'eau bouillante

225 g/8 oz/1⅓ tasses de dattes, dénoyautées (dénoyautées) et hachées

5 ml/1 cuillère à café de bicarbonate de soude (bicarbonate de sodium)

3 oz/75 g/⅓ tasse de beurre ou de margarine, ramolli

8 oz/225 g/1 tasse de sucre en poudre (superfin)

1 œuf battu

10 oz/275 g/2½ tasses de farine ordinaire (tout usage)

Une pincée de sel

2,5 ml/½ cuillère à café de levure chimique

2 oz/50 g/½ tasse de noix hachées

Pour la couverture :
2 oz/50 g/¼ tasse de cassonade douce

1 oz/25 g/2 cuillères à soupe de beurre ou de margarine

30 ml/2 cuillères à soupe de lait

Quelques moitiés de noix pour décorer

Dans un bol on met l'eau, les dattes et le bicarbonate de soude et on laisse reposer 5 minutes. Crémer le beurre ou la margarine et le sucre jusqu'à consistance lisse, puis ajouter l'œuf avec l'eau et les dattes. Mélanger la farine, le sel et la levure chimique, puis incorporer au mélange avec les noix. Verser dans un moule à tarte de 23 cm/9 graissé et chemisé et cuire dans un four préchauffé à 180°C/350°F/thermostat 4 pendant 1 heure jusqu'à ce que le tout soit pris. Laisser refroidir sur une grille.

Pour faire la garniture, mélanger le sucre, le beurre et le lait jusqu'à consistance lisse. Répartir sur le gâteau et décorer avec les moitiés de noix.

Gâteau au citron

Donne un gâteau de 20 cm/8 pouces

¾ tasse/6 oz/175 g de beurre ou de margarine, ramolli

6 oz/175 g/¾ tasse de sucre en poudre (superfin)

2 oeufs battus

8 oz/225 g/2 tasses de farine auto-levante

Jus et zeste râpé de 1 citron

60 ml/4 cuillères à soupe de lait

Crémer le beurre ou la margarine et 100 g/4 oz/½ tasse de sucre. Ajouter les œufs petit à petit, puis ajouter la farine et le zeste de citron râpé. Ajouter suffisamment de lait pour lui donner une consistance lisse. Versez le mélange dans un moule à tarte de 20 cm/8 graissé et tapissé et faites cuire dans un four préchauffé à 180°C/350°F/thermostat 4 pendant 1 heure jusqu'à ce qu'il soit gonflé et doré. Dissoudre le sucre restant dans le jus de citron. Piquer le gâteau chaud avec une fourchette et verser sur le mélange de jus. Laisser refroidir.

Gâteau à l'orange et aux amandes

Donne un gâteau de 20 cm/8 pouces

4 œufs, séparés

100 g/4 oz/½ tasse de sucre en poudre (superfin)

le zeste râpé d'1 orange

2 oz/50 g/½ tasse d'amandes, hachées finement

2 oz/50 g/½ tasse d'amandes moulues

Pour le sirop :

100 g/4 oz/½ tasse de sucre en poudre (superfin)

300 ml/½ pt/1¼ tasse de jus d'orange

15 ml/1 cuillère à soupe de liqueur d'orange (facultatif)

1 bâton de cannelle

Battre les jaunes d'œufs, le sucre, le zeste d'orange, les amandes et la poudre d'amandes. Battre les blancs d'œufs en neige ferme, puis les incorporer au mélange. Verser dans un moule à tarte de 20 cm/8 pouces beurré et fariné et cuire dans un four préchauffé à 180°C/350°F/gaz niveau 4 pendant 45 minutes jusqu'à ce qu'il soit ferme au toucher. Piquez le tout avec une pique à brochette et laissez refroidir.

Pendant ce temps, dissoudre le sucre dans le jus d'orange et la liqueur, le cas échéant, à feu doux avec le bâton de cannelle, en remuant de temps en temps. Porter à ébullition et faire bouillir jusqu'à ce qu'il soit réduit en un sirop fin. Jeter la cannelle. Versez le sirop chaud sur le gâteau et laissez-le s'imbiber.

gâteau aux flocons d'avoine

Donne un gâteau de 2 lb/900 g

100 g/4 oz/1 tasse d'avoine

300 ml/½ pt/1¼ tasse d'eau bouillante

100 g/4 oz/½ tasse de beurre ou de margarine, ramolli

8 oz/225 g/1 tasse de cassonade douce

8 oz/225 g/1 tasse de sucre en poudre (superfin)

2 oeufs, légèrement battus

1½ tasse/6 oz/175 g de farine ordinaire (tout usage)

10 ml/2 cuillères à café de levure chimique

5 ml/1 cuillère à café de bicarbonate de soude (bicarbonate de sodium)

5 ml/1 cuillère à café de cannelle moulue

Faire tremper les flocons d'avoine dans l'eau bouillante. Crémer le beurre ou la margarine et les sucres jusqu'à consistance légère et mousseuse. Ajouter progressivement les œufs, puis ajouter la farine, la levure chimique, le bicarbonate de soude et la cannelle. Enfin, ajoutez le mélange d'avoine et remuez jusqu'à ce qu'il soit bien mélangé. Verser dans un moule à pain de 900 g / 2 lb graissé et chemisé et cuire dans un four préchauffé à 180 ° C / 350 ° F / thermostat 4 pendant environ 1 heure jusqu'à consistance ferme au toucher.

Gâteau à la mandarine glacé fort

Donne un gâteau de 20 cm/8 pouces

3/4 tasse/6 oz/175 g de margarine molle en boîte

9 oz/250 g/1 tasse généreuse de sucre en poudre (superfin)

8 oz/225 g/2 tasses de farine auto-levante

5 ml/1 cuillère à café de levure chimique

3 oeufs

Le zeste finement râpé et le jus d'1 petite orange

11 oz/300 g/1 boîte de mandarines moyennes, bien égouttées

Zeste finement râpé et jus de 1/2 citron

Mélanger la margarine, 175 g/6 oz/3/4 tasse de sucre, la farine, la levure chimique, les œufs, le zeste et le jus d'orange dans un robot culinaire ou battre au batteur électrique jusqu'à consistance lisse. . Hacher grossièrement les mandarines et plier. Verser dans un moule à cake de 20 cm graissé et chemisé. Lisser la surface. Cuire au four préchauffé à 180°C/350°F/thermostat 4 pendant 1 heure 10 minutes ou jusqu'à ce qu'un cure-dent inséré au centre en ressorte propre. Laisser refroidir 5 minutes, puis démouler et déposer sur une grille. Pendant ce temps, mélangez le sucre restant avec le zeste et le jus de citron jusqu'à obtenir une pâte. Étaler dessus et laisser refroidir.

Gâteau à l'orange

Donne un gâteau de 20 cm/8 pouces

¾ tasse/6 oz/175 g de beurre ou de margarine, ramolli

6 oz/175 g/¾ tasse de sucre en poudre (superfin)

2 oeufs battus

8 oz/225 g/2 tasses de farine auto-levante

Jus et zeste râpé d'1 orange

60 ml/4 cuillères à soupe de lait

Crémer le beurre ou la margarine et 100 g/4 oz/½ tasse de sucre. Ajouter les œufs petit à petit, puis ajouter la farine et le zeste d'orange râpé. Ajouter suffisamment de lait pour lui donner une consistance lisse. Versez le mélange dans un moule à tarte de 20 cm/8 graissé et tapissé et faites cuire dans un four préchauffé à 180°C/350°F/thermostat 4 pendant 1 heure jusqu'à ce qu'il soit gonflé et doré. Dissoudre le sucre restant dans le jus d'orange. Piquer le gâteau chaud avec une fourchette et verser sur le mélange de jus. Laisser refroidir.

gâteau des anges

Donne un gâteau de 23 cm/9 pouces

¾ tasse/3 oz/75 g de farine ordinaire (tout usage)

1 oz/25 g/2 cuillères à soupe de semoule de maïs (amidon de maïs)

Une pincée de sel

8 oz/225 g/1 tasse de sucre en poudre (superfin)

10 blancs d'œufs

1 cuillère à soupe de jus de citron

1 cuillère à café de crème de tartre

1 cuillère à café d'essence de vanille (extrait)

Mélanger les farines et le sel avec un quart du sucre et bien tamiser. Battre la moitié des blancs d'œufs avec la moitié du jus de citron jusqu'à consistance mousseuse. Ajouter la moitié de la crème de tartre et une cuillère à café de sucre et battre jusqu'à formation de pics fermes. Répéter avec les blancs d'œufs restants, puis incorporer et ajouter progressivement le sucre restant et l'essence de vanille. Incorporer très progressivement le mélange de farine aux blancs d'œufs. Verser dans un moule à charnière graissé de 23 cm/9 pouces (moule tubulaire) et cuire dans un four préchauffé à 180°C/350°F/gaz niveau 4 pendant 45 minutes jusqu'à consistance ferme au toucher. Retourner le moule sur une grille et laisser refroidir dans le moule avant de démouler.

sandwich aux mûres

Donne un gâteau de 18 cm/7 pouces

¾ tasse/6 oz/175 g de beurre ou de margarine, ramolli

6 oz/175 g/¾ tasse de sucre en poudre (superfin)

3 œufs battus

1½ tasse/6 oz/175 g de farine auto-levante

5 ml/1 cuillère à café d'essence de vanille (extrait)

300 ml/½ pt/1¼ tasse de crème double (épaisse)

8 oz/225 g de mûres

Crémer le beurre ou la margarine et le sucre jusqu'à ce qu'ils soient pâles et mousseux. Incorporer les œufs petit à petit, puis ajouter la farine et l'essence de vanille. Répartissez dans deux moules à tarte de 7/18 cm graissés et chemisés et faites cuire dans un four préchauffé à 190°C/375°F/gaz niveau 5 pendant 25 minutes jusqu'à ce qu'ils soient élastiques au toucher. Laisser refroidir.

Fouetter la crème jusqu'à consistance ferme. Étaler la moitié sur l'un des gâteaux, disposer les mûres dessus et verser le reste de crème. Couvrir avec le deuxième gâteau et servir.

Gâteau au beurre doré

Donne un gâteau de 23 cm/9 pouces

8 oz/225 g/1 tasse de beurre ou de margarine, ramolli

450 g/1 lb/2 tasses de sucre en poudre (superfin)

5 œufs, séparés

250 ml/8 oz/1 tasse de yogourt nature

14 oz/400 g/3½ tasses de farine ordinaire (tout usage)

10 ml/2 cuillères à café de levure chimique

Une pincée de sel

Crémer le beurre ou la margarine et le sucre jusqu'à consistance légère et mousseuse. Ajouter progressivement les jaunes d'œufs et le yaourt, puis ajouter la farine, la levure chimique et le sel. Battre les blancs d'œufs en neige ferme, puis les incorporer délicatement au mélange à l'aide d'une cuillère en métal. Verser dans un moule à tarte graissé de 23 cm/9 po et cuire dans un four préchauffé à 180°C/350°F/thermostat 4 pendant 45 minutes jusqu'à ce qu'il soit doré et élastique au toucher. Laisser refroidir dans le moule pendant 10 minutes, puis démouler sur une grille pour terminer le refroidissement.

Éponge à café tout-en-un

Donne un gâteau de 20 cm/8 pouces

100 g/4 oz/½ tasse de beurre ou de margarine, ramolli

100 g/4 oz/½ tasse de sucre en poudre (superfin)

4 oz/100 g/1 tasse de farine auto-levante

2,5 ml/½ cuillère à café de levure chimique

15 ml/1 cuillère à soupe de café instantané en poudre, dissous dans 10 ml/2 cuillères à café d'eau chaude

2 oeufs

Mélanger tous les ingrédients jusqu'à ce qu'ils soient bien mélangés. Verser dans un moule à tarte de 20 cm/8 graissé et chemisé et cuire dans un four préchauffé à 180°C/350°F/thermostat 4 pendant 30 minutes jusqu'à ce qu'il soit bien gonflé et élastique au toucher.

gâteau tchèque

Donne un gâteau de 15 x 25 cm/10 x 6 pouces

12 oz/350 g/3 tasses de farine ordinaire (tout usage)

4 oz/100 g/2/3 tasse de sucre glace (glaçage), tamisé

4 oz/100 g/1 tasse de noisettes ou d'amandes moulues

15 ml/1 cuillère à soupe de levure chimique

150 ml/¼ pt/2/3 tasse de lait

2 oeufs, légèrement battus

250 ml/8 fl oz/1 tasse d'huile de tournesol

8 oz/225 g de fruits frais

Pour le glaçage:

400 ml/14 fl oz/1¾ tasses de jus de fruits

20 ml/4 cuillères à café d'arrow-root

Mélanger les ingrédients secs. Mélanger le lait, les œufs et l'huile et les ajouter au mélange. Verser dans un moule à tarte peu profond de 15 x 25 cm/6 x 10 graissé (plaque) et cuire dans un four préchauffé à 180°C/350°F/gaz niveau 4 pendant environ 35 minutes jusqu'à consistance ferme. Laisser refroidir.

Disposez les fruits sur le fond de tarte. Porter à ébullition le jus de fruit et l'arrow-root en remuant jusqu'à épaississement, puis verser le glaçage sur le dessus du gâteau.

gâteau au miel simple

Donne un gâteau de 20 cm/8 pouces

100 g/4 oz/½ tasse de beurre ou de margarine, ramolli

1 oz/25 g/2 cuillères à soupe de sucre en poudre (superfin)

60 ml/4 cuillères à soupe de miel léger

2 oeufs, légèrement battus

1½ tasse/6 oz/175 g de farine auto-levante

2,5 ml/½ cuillère à café de levure chimique

5 ml/1 cuillère à café de cannelle moulue

15 ml/1 cuillère à soupe d'eau

Mélanger tous les ingrédients jusqu'à ce qu'il ait une consistance lisse et coulante. Verser dans un moule à tarte de 20 cm/8 graissé et chemisé et cuire dans un four préchauffé à 190°C/375°F/thermostat 5 pendant 30 minutes jusqu'à ce qu'il soit bien gonflé et élastique au toucher.

Éponge au citron tout-en-un

Donne un gâteau de 20 cm/8 pouces

100 g/4 oz/½ tasse de beurre ou de margarine, ramolli

100 g/4 oz/½ tasse de sucre en poudre (superfin)

4 oz/100 g/1 tasse de farine auto-levante

2,5 ml/½ cuillère à café de levure chimique

le zeste râpé de 1 citron

15 ml/1 cuillère à soupe de jus de citron

2 oeufs

Mélanger tous les ingrédients jusqu'à ce qu'ils soient bien mélangés. Verser dans un moule à tarte de 20 cm/8 graissé et chemisé et cuire dans un four préchauffé à 180°C/350°F/thermostat 4 pendant 30 minutes jusqu'à ce qu'il soit bien gonflé et élastique au toucher.

Gâteau mousseline au citron

Donne un gâteau de 10/25 cm

8 oz/225 g/2 tasses de farine auto-levante

15 ml/1 cuillère à soupe de levure chimique

5 ml/1 cuillère à café de sel

12 oz/350 g/1½ tasse de sucre en poudre (superfin)

7 œufs, séparés

120 ml/4 oz/½ tasse d'huile

175 ml/6 fl oz/¾ tasse d'eau

10 ml/2 cuillères à café de zeste de citron râpé

5 ml/1 cuillère à café d'essence de vanille (extrait)

2,5 ml/½ cuillère à café de crème de tartre

Mélanger la farine, la levure, le sel et le sucre et faire un puits au centre. Mélanger les jaunes d'œufs, l'huile, l'eau, le zeste de citron et l'essence de vanille et mélanger avec les ingrédients secs. Battre les blancs d'œufs et la crème de tartre jusqu'à consistance ferme. Incorporer le mélange à gâteau. Verser dans un moule à gâteau de 25 cm/10 pouces non graissé et cuire dans un four préchauffé à 160°C/325°F/gaz niveau 3 pendant 1 heure. Éteignez le four mais laissez le gâteau encore 8 minutes. Retirer du four et renverser sur une grille pour terminer le refroidissement.

Gâteau au citron

Donne un gâteau de 2 lb/900 g

100 g/4 oz/½ tasse de beurre ou de margarine, ramolli

6 oz/175 g/¾ tasse de sucre en poudre (superfin)

2 oeufs, légèrement battus

1½ tasse/6 oz/175 g de farine auto-levante

60 ml/4 cuillères à soupe de lait

le zeste râpé de 1 citron

Pour le sirop :

60 ml/4 cuillères à soupe de sucre glace tamisé

45 ml/3 cuillères à soupe de jus de citron

Crémer le beurre ou la margarine et le sucre jusqu'à consistance légère et mousseuse. Ajouter progressivement les œufs, puis la farine, le lait et le zeste de citron et mélanger jusqu'à consistance lisse. Verser dans un moule à pain de 900 g/2 lb graissé et chemisé et cuire dans un four préchauffé à 180 °C/350 °F/gaz niveau 4 pendant 45 minutes jusqu'à ce qu'il soit élastique au toucher.

Mélanger le sucre glace et le jus de citron et verser sur le gâteau dès la sortie du four. Laisser refroidir dans le moule.

cake citron et vanille

Donne un gâteau de 2 lb/900 g

8 oz/225 g/1 tasse de beurre ou de margarine, ramolli

450 g/1 lb/2 tasses de sucre en poudre (superfin)

4 œufs, séparés

12 oz/350 g/3 tasses de farine ordinaire (tout usage)

10 ml/2 cuillères à café de levure chimique

200 ml/7 oz/à peine 1 tasse de lait

2,5 ml/½ cuillère à café d'essence de citron (extrait)

2,5 ml/½ cuillère à café d'essence de vanille (extrait)

Crémer le beurre et le sucre, puis incorporer les jaunes d'œufs. Ajouter la farine et la levure chimique en alternant avec le lait. Ajouter les essences de citron et de vanille. Battez les blancs d'œufs jusqu'à ce qu'ils forment des pics mous, puis incorporez-les délicatement au mélange. Verser dans un moule à pain beurré de 900 g/2 lb et cuire dans un four préchauffé à 150 °C/300 °F/gaz niveau 2 pendant 1 h 30 jusqu'à ce qu'il soit doré et élastique au toucher.

Gâteau au madère

Donne un gâteau de 18 cm/7 pouces

¾ tasse/6 oz/175 g de beurre ou de margarine, ramolli

6 oz/175 g/¾ tasse de sucre en poudre (superfin)

3 gros oeufs

1 ¼ tasse/5 oz/150 g de farine auto-levante

1 tasse/4 oz/100 g de farine ordinaire (tout usage)

Une pincée de sel

Zeste râpé et jus de ½ citron

Battre le beurre ou la margarine et le sucre jusqu'à ce qu'ils soient pâles et lisses. Ajouter les œufs un à un en battant bien entre chaque ajout. Ajouter les ingrédients restants. Verser dans un moule à gâteau de 18 cm graissé et chemisé et égaliser la surface. Cuire dans un four préchauffé à 160°C/325°F/gaz niveau 3 pendant 1h à 1h30 jusqu'à ce qu'ils soient dorés et élastiques au toucher. Laisser refroidir dans le moule pendant 5 minutes avant de démouler sur une grille pour terminer le refroidissement.

gâteau marguerite

Donne un gâteau de 20 cm/8 pouces

4 œufs, séparés

15 ml/1 cuillère à soupe de sucre en poudre (superfin)

1½ tasse/6 oz/175 g de farine ordinaire (tout usage)

100 g/4 oz/1 tasse de farine de pomme de terre

2,5 ml/½ cuillère à café d'essence de vanille (extrait)

1 oz/25 g/3 cuillères à soupe de sucre glace, tamisé

Battre les jaunes d'œufs et le sucre jusqu'à ce qu'ils soient pâles et crémeux. Ajouter progressivement la farine, la fécule de pomme de terre et l'essence de vanille. Battez les blancs d'œufs en neige ferme et ajoutez-les au mélange. Versez le mélange dans un moule à gâteau de 20 cm/8 pouces graissé et chemisé et faites cuire dans un four préchauffé à 200°C/400°F/gaz niveau 6 pendant seulement 5 minutes. Sortir le gâteau du four et faire une croix sur le dessus avec un couteau bien aiguisé, puis remettre au four le plus vite possible et cuire encore 5 minutes. Baissez la température du four à 180°C/350°F/niveau de gaz 4 et faites cuire encore 25 minutes jusqu'à ce qu'ils soient gonflés et dorés. Laisser refroidir et servir saupoudré de sucre glace.

gâteau au lait chaud

Donne un gâteau de 23 cm/9 pouces

4 oeufs, légèrement battus

5 ml/1 cuillère à café d'essence de vanille (extrait)

1 lb/450 g/2 tasses de sucre cristallisé

8 oz/225 g/2 tasses de farine auto-levante

10 ml/2 cuillères à café de levure chimique

2,5 ml/½ cuillère à café de sel

250 ml/8 oz/1 tasse de lait

1 oz/25 g/2 cuillères à soupe de beurre ou de margarine

Battre les œufs, l'essence de vanille et le sucre jusqu'à consistance légère et mousseuse. Ajouter progressivement la farine, la levure chimique et le sel. Porter à ébullition le lait et le beurre ou la margarine dans une petite casserole, puis ajouter au mélange et bien mélanger. Verser dans un moule à tarte de 23 cm/9 graissé et fariné et cuire dans un four préchauffé à 180°C/350°F/thermostat 4 pendant 40 minutes jusqu'à ce qu'il soit doré et élastique au toucher.

gâteau au lait

Donne un gâteau de 20 cm/8 pouces

150 ml/¼ pt/2/3 tasse de lait

3 oeufs

6 oz/175 g/¾ tasse de sucre en poudre (superfin)

5 ml/1 cuillère à café de jus de citron

350 g / 12 oz / 3 tasses de farine ordinaire (tout usage)

5 ml/1 cuillère à café de levure chimique

Faire chauffer le lait dans une casserole. Battre les œufs dans un bol jusqu'à ce qu'ils soient épais et crémeux, puis ajouter le sucre et le jus de citron. Versez la farine et la levure chimique, puis ajoutez progressivement le lait chaud jusqu'à consistance lisse. Verser dans un moule à gâteau graissé de 20 cm/8 pouces (plateau) et cuire dans un four préchauffé à 180°C/350°F/gaz niveau 4 pendant 20 minutes jusqu'à ce qu'il soit bien gonflé et élastique au toucher.

Éponge moka tout-en-un

Donne un gâteau de 20 cm/8 pouces

100 g/4 oz/½ tasse de beurre ou de margarine, ramolli

100 g/4 oz/½ tasse de sucre en poudre (superfin)

4 oz/100 g/1 tasse de farine auto-levante

2,5 ml/½ cuillère à café de levure chimique

15 ml/1 cuillère à soupe de café instantané en poudre, dissous dans 10 ml/2 cuillères à café d'eau chaude

15 ml/1 cuillère à soupe de poudre de cacao (chocolat non sucré)

2 oeufs

Mélanger tous les ingrédients jusqu'à ce qu'ils soient bien mélangés. Verser dans un moule à tarte de 20 cm/8 graissé et chemisé et cuire dans un four préchauffé à 180°C/350°F/thermostat 4 pendant 30 minutes jusqu'à ce qu'il soit bien gonflé et élastique au toucher.

Gâteau au Moscatel

Donne un gâteau de 18 cm/7 pouces

¾ tasse/6 oz/175 g de beurre ou de margarine, ramolli

6 oz/175 g/¾ tasse de sucre en poudre (superfin)

3 oeufs

30 ml/2 cuillères à soupe de muscat doux

8 oz/2 tasses/225 g de farine ordinaire (tout usage)

10 ml/2 cuillères à café de levure chimique

Battre le beurre ou la margarine et le sucre jusqu'à consistance légère et mousseuse, puis incorporer graduellement les œufs et le vin. Ajouter la farine et la levure chimique et mélanger jusqu'à consistance lisse. Verser dans un moule à tarte de 18 cm/7 graissé et chemisé et cuire dans un four préchauffé à 180°C/350°F/thermostat 4 pendant 1h15 jusqu'à ce qu'il soit doré et élastique au toucher. Laisser refroidir dans le moule pendant 5 minutes, puis démouler sur une grille pour terminer le refroidissement.

Eponge orange tout en un

Donne un gâteau de 20 cm/8 pouces

100 g/4 oz/½ tasse de beurre ou de margarine, ramolli

100 g/4 oz/½ tasse de sucre en poudre (superfin)

4 oz/100 g/1 tasse de farine auto-levante

2,5 ml/½ cuillère à café de levure chimique

le zeste râpé d'1 orange

15 ml/1 cuillère à soupe de jus d'orange

2 oeufs

Mélanger tous les ingrédients jusqu'à ce qu'ils soient bien mélangés. Verser dans un moule à tarte de 20 cm/8 graissé et chemisé et cuire dans un four préchauffé à 180°C/350°F/thermostat 4 pendant 30 minutes jusqu'à ce qu'il soit bien gonflé et élastique au toucher.

gâteau simple

Donne un gâteau de 23 cm/9 pouces

2 oz/50 g/¼ tasse de beurre ou de margarine

8 oz/2 tasses/225 g de farine ordinaire (tout usage)

2,5 ml/½ cuillère à café de sel

15 ml/1 cuillère à soupe de levure chimique

30 ml/2 cuillères à soupe de sucre glace (superfin)

250 ml/8 oz/1 tasse de lait

Frotter le beurre ou la margarine dans la farine, le sel et la levure chimique jusqu'à ce que le mélange ressemble à de la chapelure. Ajouter le sucre. Ajouter graduellement le lait et mélanger jusqu'à consistance lisse. Presser doucement dans un moule à gâteau graissé de 23 cm/9 pouces et cuire dans un four préchauffé à 160°C/325°F/gaz niveau 3 pendant environ 30 minutes jusqu'à ce qu'ils soient légèrement dorés.

Gâteau espagnol

Donne un gâteau de 23 cm/9 pouces

4 œufs, séparés

100g/4oz/½ tasse de sucre cristallisé

le zeste râpé de ½ citron

1 oz/25 g/¼ tasse de semoule de maïs

¼ tasse/1 oz/25 g de farine ordinaire (tout usage)

30 ml/2 cuillères à soupe de sucre glace tamisé

Battre les jaunes d'œufs, le sucre et le zeste de citron jusqu'à ce qu'ils soient pâles et mousseux. Incorporer progressivement la semoule de maïs et la farine. Battez les blancs d'œufs en neige ferme, puis incorporez-les à la pâte. Versez le mélange dans un moule à tarte carré de 23 cm/9 pouces graissé et faites cuire dans un four préchauffé à 220°C/425°F/gaz niveau 7 pendant 6 minutes. Retirer immédiatement du moule et laisser refroidir. Servir saupoudré de sucre glace.

sandwich victoire

Donne un gâteau de 23 cm/7 pouces

¾ tasse/6 oz/175 g de beurre ou de margarine, ramolli

¾ tasse/6 oz/175 g de sucre en poudre (superfin), plus un supplément pour saupoudrer

3 œufs battus

1½ tasse/6 oz/175 g de farine auto-levante

60 ml/4 cuillères à soupe de confiture de fraises (en conserve)

Battre le beurre ou la margarine jusqu'à consistance lisse, puis battre avec le sucre jusqu'à ce qu'il soit pâle et mousseux. Incorporer les œufs petit à petit, puis ajouter la farine. Répartir le mélange uniformément dans deux moules à sandwich graissés et chemisés de 7/18 cm. Cuire dans un four préchauffé à 190°C/375°F/gaz niveau 5 pendant environ 20 minutes jusqu'à ce qu'il lève bien et soit élastique au toucher. Retourner sur une grille pour refroidir, puis sandwich avec de la confiture et saupoudrer de sucre.

gâteau fouetté

Donne un gâteau de 20 cm/8 pouces

2 oeufs

1/3 tasse/3 oz/75 g de sucre en poudre (superfin)

½ tasse/2 oz/50 g de farine ordinaire (tout usage)

120 ml/4 fl oz/½ tasse de crème double (lourde), fouettée

45 ml/3 cuillères à soupe de confiture de framboises (en conserve)

Sucre glace (glaçage), tamisé

Battre les œufs et le sucre pendant au moins 5 minutes jusqu'à ce qu'ils blanchissent. Ajouter la farine. Verser dans un moule à sandwich de 20 cm/8 graissé et chemisé et cuire dans un four préchauffé à 190°C/375°F/thermostat 5 pendant 20 minutes jusqu'à ce qu'il soit élastique au toucher. Laisser refroidir sur une grille.

Coupez le gâteau en deux horizontalement, puis placez les deux moitiés dans un sandwich avec de la crème et de la confiture. Saupoudrer de sucre glace dessus.

Gâteau moulin à vent

Donne un gâteau de 20 cm/8 pouces

Pour le gâteau :

1½ tasse/6 oz/175 g de farine auto-levante

5 ml/1 cuillère à café de levure chimique

¾ tasse/6 oz/175 g de beurre ou de margarine, ramolli

6 oz/175 g/¾ tasse de sucre en poudre (superfin)

3 oeufs

5 ml/1 cuillère à café d'essence de vanille (extrait)

Pour le glaçage (glaçage) :

100 g/4 oz/½ tasse de beurre ou de margarine, ramolli

6 oz/175 g/1 tasse de sucre glace, tamisé

75 ml/5 cuillères à soupe de confiture de fraises (en conserve)

Des brins de sucre et quelques tranches d'orange et de citron confits (confits) pour décorer

Fouetter tous les ingrédients du gâteau ensemble jusqu'à ce que vous ayez un mélange à gâteau lisse. Répartissez dans deux moules à tarte de 8/20 cm graissés et chemisés et faites cuire dans un four préchauffé à 160°C/325°F/gaz niveau 3 pendant 20 minutes jusqu'à ce qu'ils soient dorés et élastiques au toucher. Laisser refroidir dans les moules pendant 5 minutes, puis démouler sur une grille pour terminer le refroidissement.

Pour faire le glaçage, battre le beurre ou la margarine avec le sucre glace jusqu'à consistance lisse. Étalez la confiture sur le dessus d'un gâteau, puis badigeonnez avec la moitié du glaçage et placez le deuxième gâteau sur le dessus. Étaler le reste du glaçage sur le dessus du gâteau et lisser avec une spatule. Coupez un cercle de 8 pouces/20 cm dans du papier ciré et pliez-le en 8 segments. En laissant un petit cercle au centre pour maintenir le papier en un seul morceau, couper des segments alternés et placer le papier sur le dessus du gâteau comme un pochoir. Saupoudrez les sections non recouvertes de ficelles de sucre, puis retirez le papier et disposez les tranches d'orange et de citron selon un motif attrayant sur les sections non décorées.

rouleau suisse

Fait un rouleau de 20 cm/8 pouces

3 oeufs

1/3 tasse/3 oz/75 g de sucre en poudre (superfin)

¾ tasse/3 oz/75 g de farine auto-levante

Sucre glace (superfin) pour saupoudrer

75 ml/5 cuillères à soupe de confiture de framboises (en conserve)

Battez les œufs et le sucre pendant environ 10 minutes jusqu'à ce qu'ils soient très pâles et épais et que le mélange glisse du fouet en lambeaux. Incorporer la farine et verser dans un moule à roulé graissé et tapissé de 30 x 20 cm/12 x 8 (moule à roulé). Cuire dans un four préchauffé à 200°C/400°F/thermostat 4 pendant 10 minutes jusqu'à ce qu'ils soient bien gonflés et fermes au toucher. Saupoudrez un torchon propre (torchon) de sucre en poudre et retournez le gâteau sur le torchon. Retirez le papier protecteur, coupez les bords et passez un couteau à environ 1 pouce/2,5 cm du bord court, en coupant la moitié du gâteau. Rouler le gâteau à partir du bord coupé. Laisser refroidir.

Déballez le gâteau et badigeonnez-le de confiture, puis roulez-le à nouveau et servez saupoudré de sucre glace.

rouleau suisse aux pommes

Fait un rouleau de 20 cm/8 pouces

1 tasse/4 oz/100 g de farine ordinaire (tout usage)

5 ml/1 cuillère à café de levure chimique

Une pincée de sel

8 oz/225 g/1 tasse de sucre en poudre (superfin)

3 oeufs

5 ml/1 cuillère à café d'essence de vanille (extrait)

45 ml/3 cuillères à soupe d'eau froide

Sucre glace (glaçage), tamisé, pour saupoudrer

4 oz/100 g/1 tasse de confiture de pomme (conserve claire)

Mélanger la farine, la levure chimique, le sel et le sucre, puis ajouter les œufs et l'essence de vanille jusqu'à consistance lisse. Incorporer l'eau. Verser le mélange dans un moule à génoise de 30 x 20 cm/12 x 8 pouces graissé et fariné et faire cuire dans un four préchauffé à 190°C/375°F/gaz niveau 5 pendant 20 minutes jusqu'à ce qu'il soit élastique pour le toucher. Saupoudrez un torchon propre (torchon) de sucre glace et retournez le gâteau sur le torchon. Retirez le papier protecteur, coupez les bords et passez un couteau à environ 1 pouce/2,5 cm du bord court, en coupant la moitié du gâteau. Rouler le gâteau à partir du bord coupé. Laisser refroidir.

Déroulez le gâteau et tartinez de confiture de pommes presque jusqu'aux bords. Rouler à nouveau et saupoudrer de sucre glace pour servir.

Rouleau de châtaignes à l'eau-de-vie

Fait un rouleau de 20 cm/8 pouces

3 oeufs

100 g/4 oz/½ tasse de sucre en poudre (superfin)

1 tasse/4 oz/100 g de farine ordinaire (tout usage)

30 ml/2 cuillères à soupe de cognac

Sucre glace (superfin) pour saupoudrer

Pour le garnissage et la décoration :

300 ml/½ pt/1¼ tasse de crème double (épaisse)

15 ml/1 cuillère à soupe de sucre en poudre (superfin)

250g/9oz/1 grande boîte de purée de marrons

1½ tasse/6 oz/175 g de chocolat nature (mi-sucré)

½ oz/15 g/1 cuillère à soupe de beurre ou de margarine

30 ml/2 cuillères à soupe de cognac

Battre les œufs et le sucre jusqu'à ce qu'ils soient pâles et épais. Ajouter délicatement la farine et le cognac à l'aide d'une cuillère en métal. Verser dans un moule à roulé de 30 x 20 cm/12 x 8 graissé et chemisé et faire cuire dans un four préchauffé à 220°C/425°F/thermostat 7 pendant 12 minutes. Placez un torchon propre (torchon) sur votre plan de travail, recouvrez d'une feuille de papier sulfurisé (ciré) et saupoudrez de sucre en poudre. Inversez le pastel sur le papier. Retirez le papier protecteur, coupez les bords et passez un couteau à environ 1 pouce/2,5 cm du bord court, en coupant la moitié du gâteau. Rouler le gâteau à partir du bord coupé. Laisser refroidir.

Pour faire la garniture, battre la crème et le sucre jusqu'à consistance ferme. Tamiser (filtrer) la purée de marrons, puis battre jusqu'à consistance lisse. Ajouter la moitié de la crème à la purée de marrons. Déroulez le gâteau et étalez la purée de marrons sur la surface, puis roulez à nouveau le gâteau. Faire fondre le chocolat avec le beurre ou la margarine et le cognac dans un bol résistant à la chaleur placé au-dessus d'une casserole d'eau frémissante. Étaler sur le gâteau et marquer des motifs avec une fourchette.

rouleau suisse au chocolat

Fait un rouleau de 20 cm/8 pouces

3 oeufs

1/3 tasse/3 oz/75 g de sucre en poudre (superfin)

2 oz/50 g/½ tasse de farine auto-levante

1 oz/25 g/¼ tasse de poudre de cacao (chocolat non sucré)

Sucre glace (superfin) pour saupoudrer

120 ml/4 fl oz/½ tasse de crème double (épaisse)

Sucre glace (glaçage) pour saupoudrer

Battez les œufs et le sucre pendant environ 10 minutes jusqu'à ce qu'ils soient très pâles et épais et que le mélange glisse sur le batteur en lanières. Ajouter la farine et le cacao et verser dans un moule à roulé graissé et tapissé de 30 x 20 cm/12 x 8 (moule à roulé). Cuire dans un four préchauffé à 200°C/400°F/thermostat 4 pendant 10 minutes jusqu'à ce qu'ils soient bien gonflés et fermes au toucher. Saupoudrez un torchon propre (torchon) de sucre en poudre et retournez le gâteau sur le torchon. Retirez le papier protecteur, coupez les bords et passez un couteau à environ 1 pouce/2,5 cm du bord court, en coupant la moitié du gâteau. Rouler le gâteau à partir du bord coupé. Laisser refroidir.

Fouetter la crème jusqu'à consistance ferme. Déballez le gâteau et badigeonnez-le de crème, puis roulez-le à nouveau et servez saupoudré de sucre glace.

rouleau de citron

Fait un rouleau de 20 cm/8 pouces

3 oz/75 g/¾ tasse de farine auto-levante

5 ml/1 cuillère à café de levure chimique

Une pincée de sel

1 oeuf

6 oz/175 g/¾ tasse de sucre en poudre (superfin)

15 ml/1 cuillère à soupe d'huile

5 ml/1 cuillère à café d'essence de citron (extrait)

6 blancs d'œufs

2 oz/50 g/1⁄3 tasse de sucre à glacer (glaçage), tamisé

75 ml/5 cuillères à soupe de crème de citron

300 ml/½ pt/1¼ tasse de crème double (épaisse)

10 ml/2 cuillères à café de zeste de citron râpé

Mélanger la farine, la levure chimique et le sel. Battez l'œuf jusqu'à ce qu'il soit épais et de couleur citron, puis battez lentement 2 oz/50 g/¼ tasse de sucre en poudre jusqu'à ce qu'il soit pâle et crémeux. Battre l'huile et l'essence de citron. Dans un bol propre, battre les blancs d'œufs jusqu'à l'obtention de pics mous, puis ajouter graduellement le reste du sucre en poudre jusqu'à ce que le mélange ait des pics fermes. Plier les blancs d'œufs dans l'huile, puis incorporer la farine. Verser dans un moule à roulé graissé et tapissé de 30 x 20 cm/12 x 8 et faire cuire dans un four préchauffé à 190°C/375°F/gaz niveau 5 pendant 10 minutes jusqu'à ce qu'il soit élastique au toucher. Couvrir un torchon propre (torchon) d'une feuille de papier sulfurisé (ciré) et saupoudrer de sucre glace, puis retournez le gâteau sur le torchon. Retirez le papier protecteur, coupez les bords et passez un couteau à environ 2,5 cm/1 pouce du bord court. couper en deux le gâteau. Rouler le gâteau à partir du bord coupé. Laisser refroidir.

Déroulez le gâteau et tartinez-le de crème au citron. Fouetter la crème jusqu'à consistance épaisse et ajouter le zeste de citron. Étalez dessus le lemon curd, puis roulez à nouveau le gâteau. Réfrigérer avant de servir.

Rouleau de fromage au miel et au citron

Fait un rouleau de 20 cm/8 pouces

3 oeufs

1/3 tasse/3 oz/75 g de sucre en poudre (superfin)

le zeste râpé de 1 citron

¾ tasse/3 oz/75 g de farine ordinaire (tout usage)

Une pincée de sel

Sucre extrafin à saupoudrer Pour la garniture :

6 oz/175 g/¾ tasse de fromage à la crème

30 ml/2 cuillères à soupe de miel léger

Sucre glace (glaçage), tamisé, pour saupoudrer

Battre les œufs, le sucre et le zeste de citron dans un bol résistant à la chaleur posé sur une casserole d'eau frémissante jusqu'à consistance épaisse et mousseuse, et le mélange glisse en lambeaux le long du fouet. Retirer du feu et battre pendant 3 minutes, puis ajouter la farine et le sel. Verser dans un moule à roulé suisse de 30 x 20 cm/ 12 x 8 pouces graissé et chemisé et cuire dans un four préchauffé à 200°C/400°F/niveau de gaz 6 jusqu'à ce qu'il soit doré et élastique au toucher . Recouvrez un torchon propre (torchon) d'une feuille de papier sulfurisé (ciré) et saupoudrez de sucre en poudre, puis retournez le gâteau sur le torchon. Décollez le papier protecteur, coupez les bords et passez un couteau à environ 2,5 cm/1 pouce du bord court, couper la moitié du gâteau. Rouler le gâteau à partir du bord coupé. Laisser refroidir.

Mélanger le fromage à la crème avec le miel. Déroulez le gâteau, badigeonnez-le de garniture, puis roulez-le à nouveau et saupoudrez-le de sucre glace.

Rouleau de confiture de citron vert

Fait un rouleau de 20 cm/8 pouces

3 oeufs

6 oz/175 g/¾ tasse de sucre en poudre (superfin)

45 ml/3 cuillères à soupe d'eau

5 ml/1 cuillère à café d'essence de vanille (extrait)

¾ tasse/3 oz/75 g de farine ordinaire (tout usage)

5 ml/1 cuillère à café de levure chimique

Une pincée de sel

1 oz/25 g/¼ tasse d'amandes moulues

Sucre glace (superfin) pour saupoudrer

60 ml/4 cuillères à soupe de confiture de citron vert

150 ml/¼ pt/2/3 tasse de crème double (épaisse), fouettée

Battre les œufs jusqu'à ce qu'ils soient pâles et épais, puis incorporer progressivement le sucre, l'eau et l'essence de vanille. Mélanger la farine, la levure chimique, le sel et la poudre d'amandes et battre jusqu'à consistance lisse. Verser dans un moule à roulé graissé et chemisé de 30 x 20 cm/12 x 8 et cuire dans un four préchauffé à 180°C/350°F/gaz niveau 4 pendant 12 minutes jusqu'à ce qu'il soit juste pris. le toucher. Saupoudrez un torchon propre (torchon) de sucre et retournez le gâteau chaud sur le torchon. Retirez le papier protecteur, coupez les bords et passez un couteau à environ 1 pouce/2,5 cm du bord court, en coupant la moitié du gâteau. Rouler le gâteau à partir du bord coupé. Laisser refroidir.

Déroulez le gâteau et tartinez-le de confiture et de crème. Rouler à nouveau et saupoudrer d'un peu plus de sucre en poudre.

Roulade Fraise Citron

Fait un rouleau de 20 cm/8 pouces

Pour le remplissage:

30 ml/2 cuillères à soupe de semoule de maïs (amidon de maïs)

1/3 tasse/3 oz/75 g de sucre en poudre (superfin)

120 ml/4 fl oz/½ tasse de jus de pomme

120 ml/4 oz/½ tasse de jus de citron

2 jaunes d'œufs légèrement battus

10 ml/2 cuillères à café de zeste de citron râpé

15 ml/1 cuillère à soupe de beurre

Pour le gâteau :

3 œufs, séparés

3 blancs d'œufs

Une pincée de sel

1/3 tasse/3 oz/75 g de sucre en poudre (superfin)

15 ml/1 cuillère à soupe d'huile

5 ml/1 cuillère à café d'essence de vanille (extrait)

5 ml/1 cuillère à café de zeste de citron râpé

½ tasse/2 oz/50 g de farine ordinaire (tout usage)

¼ tasse/1 oz/25 g de semoule de maïs (amidon de maïs)

8 oz/225 g de fraises, tranchées

Sucre glace (glaçage), tamisé, pour saupoudrer

Pour faire la garniture, mélanger la semoule de maïs et le sucre dans une poêle, puis ajouter progressivement les jus de pomme et de citron. Ajouter les jaunes d'œufs et le zeste de citron. Cuire à feu doux, en remuant continuellement, jusqu'à ce que le mélange soit très épais. Retirer du feu et ajouter le beurre. Versez dans un bol, placez un cercle de papier sulfurisé (ciré) sur la surface, laissez refroidir, puis réfrigérez.

Pour faire la tarte, battre tous les blancs d'œufs avec le sel jusqu'à formation de pics mous. Ajouter graduellement le sucre jusqu'à ce qu'il soit ferme et brillant. Battre les jaunes d'œufs, l'huile, l'essence de vanille et le zeste de citron. Ajouter une cuillère à soupe de blancs, puis incorporer le mélange de jaunes dans les blancs d'œufs. Ajouter la farine et la fécule de maïs; Ne pas trop mélanger. Étalez le mélange dans un moule à rouleau suisse de 30 x 20 cm/ 12 x 8 pouces graissé, tapissé et fariné et faites cuire dans un four préchauffé à 200°C/400°F/thermostat 4 pendant 10 minutes jusqu'à ce qu'il soit doré . . Retourner le gâteau sur une feuille de papier sulfurisé (ciré) posée sur une grille. Décollez le papier protecteur, coupez les bords et passez un couteau à environ 2,5 cm/1 pouce du bord court, couper la moitié du gâteau. Rouler le gâteau à partir du bord coupé. Laisser refroidir.

Déroulez et tartinez la tarte froide avec la garniture au citron et disposez les fraises dessus. En utilisant le papier comme aide, enroulez à nouveau le rouleau et saupoudrez de sucre glace pour servir.

Rouleau suisse à l'orange et aux amandes

Fait un rouleau de 20 cm/8 pouces

4 œufs, séparés

8 oz/225 g/1 tasse de sucre en poudre (superfin)

60 ml/4 cuillères à soupe de jus d'orange

1¼ tasse/5 oz/150 g de farine ordinaire (tout usage)

5 ml/1 cuillère à café de levure chimique

Une pincée de sel

5 ml/1 cuillère à café d'essence de vanille (extrait)

le zeste râpé de ½ orange

Sucre glace (superfin) pour saupoudrer

Pour le remplissage:

2 oranges

30 ml/2 cuillères à soupe de gélatine en poudre

120 ml/4 oz/½ tasse d'eau

250 ml/8 oz/1 tasse de jus d'orange

100 g/4 oz/½ tasse de sucre en poudre (superfin)

4 jaunes d'œufs

250 ml/8 fl oz/1 tasse de crème double (lourde)

1/3 tasse/4 oz/100 g de confiture d'abricots (en conserve), tamisée (filtrée)

15 ml/1 cuillère à soupe d'eau

4 oz/100 g/1 tasse d'amandes effilées (tranchées), grillées

Battre les jaunes d'œufs, le sucre glace et le jus d'orange jusqu'à ce qu'ils soient pâles et mousseux. Ajouter progressivement la farine et la levure chimique à l'aide d'une cuillère en métal. Battez les blancs d'œufs et le sel en neige ferme, puis ajoutez-les au mélange avec l'essence de vanille et le zeste d'orange à l'aide d'une cuillère en métal. Verser dans un moule à roulé graissé et tapissé de 30 x 20 cm/12 x 8 et faire cuire dans un four préchauffé à 200°C/400°F/gaz niveau 6 pendant 10 minutes jusqu'à ce qu'il soit élastique au toucher. Transformer en un torchon propre (torchon), saupoudré de sucre en poudre. Retirez le papier protecteur, coupez les bords et passez un couteau à environ 1 pouce/2,5 cm du bord court, en coupant la moitié du gâteau. Rouler le gâteau à partir du bord coupé. Laisser refroidir.

Pour faire la garniture, râpez la peau d'une orange. Pelez les deux oranges et retirez la peau et les membranes. Couper les quartiers en deux et laisser égoutter. Saupoudrer la gélatine sur l'eau dans un bol et laisser jusqu'à consistance mousseuse. Placer le récipient dans une casserole avec de l'eau chaude jusqu'à dissolution. Refroidir légèrement. Fouetter le jus et le zeste d'orange avec le sucre et les jaunes d'œufs dans un bol résistant à la chaleur, placer sur une casserole d'eau frémissante, jusqu'à consistance épaisse et crémeuse. Retirer du feu et ajouter la gélatine. Remuer de temps en temps jusqu'à refroidissement. Fouetter la crème jusqu'à consistance ferme, puis l'incorporer au mélange et réfrigérer.

Déroulez le gâteau, nappez-le de crème à l'orange et parsemez de quartiers d'orange. Rouler à nouveau. Faire chauffer la confiture avec l'eau jusqu'à ce qu'elle soit bien mélangée. Badigeonnez le gâteau et parsemez d'amandes grillées en appuyant légèrement.

Roulé suisse aux fraises dos à dos

Fait un rouleau de 20 cm/8 pouces

3 oeufs

3 oz/75 g/1/3 tasse de sucre en poudre (superfin)

¾ tasse/3 oz/75 g de farine auto-levante

Sucre glace (superfin) pour saupoudrer

75 ml/5 cuillères à soupe de confiture de framboises (en conserve)

150 ml/¼ pt/2/3 tasse de crème fouettée ou double (épaisse)

100 g/4 oz de fraises

Battez les œufs et le sucre pendant environ 10 minutes jusqu'à ce qu'ils soient très pâles et épais et que le mélange glisse sur le batteur en lanières. Incorporer la farine et verser dans un moule à roulé graissé et tapissé de 30 x 20 cm/12 x 8 (moule à roulé). Cuire dans un four préchauffé à 200°C/400°F/thermostat 4 pendant 10 minutes jusqu'à ce qu'ils soient bien gonflés et fermes au toucher. Saupoudrez un torchon propre (torchon) de sucre en poudre et retournez le gâteau sur le torchon. Retirez le papier protecteur, coupez les bords et passez un couteau à environ 1 pouce/2,5 cm du bord court, en coupant la moitié du gâteau. Rouler le gâteau à partir du bord coupé. Laisser refroidir.

Déballez le gâteau et badigeonnez-le de confiture, puis roulez à nouveau. Coupez le gâteau en deux dans le sens de la longueur et placez les côtés arrondis ensemble sur une assiette de service avec les côtés coupés vers l'extérieur. Fouetter la crème jusqu'à ce qu'elle soit ferme, puis la pocher sur le dessus et les côtés du gâteau. Trancher ou couper en quatre les fraises si elles sont grosses et les disposer de manière décorative sur le dessus du gâteau.

Gâteau au chocolat tout en un

Donne un gâteau de 20 cm/8 pouces

100 g/4 oz/½ tasse de beurre ou de margarine, ramolli

100 g/4 oz/½ tasse de sucre en poudre (superfin)

4 oz/100 g/1 tasse de farine auto-levante

15 ml/1 cuillère à soupe de poudre de cacao (chocolat non sucré)

2,5 ml/½ cuillère à café de levure chimique

2 oeufs

Mélanger tous les ingrédients jusqu'à ce qu'ils soient bien mélangés. Verser dans un moule à tarte de 20 cm/8 graissé et chemisé et cuire dans un four préchauffé à 180°C/350°F/thermostat 4 pendant 30 minutes jusqu'à ce qu'il soit bien gonflé et élastique au toucher.

Pain à la banane et au chocolat

Donne un pain de 900g/2lb

5 oz/150 g/2/3 tasse de beurre ou de margarine

5 oz/150 g/2/3 tasse de cassonade douce

5 oz/1¼ tasse/150 g de chocolat nature (mi-sucré)

2 bananes, écrasées

3 œufs battus

1¾ tasses/7 oz/200 g de farine ordinaire (tout usage)

10 ml/2 cuillères à café de levure chimique

Faire fondre le beurre ou la margarine avec le sucre et le chocolat. Retirer du feu, puis incorporer les bananes, les œufs, la farine et la levure chimique jusqu'à consistance lisse. Verser dans un moule à pain de 900 g/2 lb graissé et chemisé et cuire dans un four préchauffé à 150 °C/300 °F/gaz niveau 3 pendant 1 heure jusqu'à ce qu'il soit élastique au toucher. Laisser refroidir dans le moule 5 minutes avant de démouler pour finir de refroidir sur une grille.

Gâteau au chocolat et aux amandes

Donne un gâteau de 20 cm/8 pouces

100 g/4 oz/½ tasse de beurre ou de margarine, ramolli

100 g/4 oz/½ tasse de sucre en poudre (superfin)

2 oeufs, légèrement battus

2,5 ml/½ cuillère à café d'essence d'amande (extrait)

4 oz/100 g/1 tasse de farine auto-levante

1 oz/25 g/¼ tasse de poudre de cacao (chocolat non sucré)

2,5 ml/½ cuillère à café de levure chimique

45 ml/3 cuillères à soupe d'amandes moulues

60 ml/4 cuillères à soupe de lait

Sucre glace (glaçage) pour saupoudrer

Crémer le beurre ou la margarine et le sucre jusqu'à consistance légère et mousseuse. Ajouter progressivement les œufs et l'essence d'amande, puis ajouter la farine, le cacao et la levure chimique. Ajouter les amandes moulues et suffisamment de lait pour obtenir une consistance lisse. Verser le mélange dans un moule à gâteau graissé et chemisé de 8/20 cm (plateau) et cuire dans un four préchauffé à 400°F/200°C/gaz niveau 6 pendant 15 à

20 minutes jusqu'à ce qu'il soit bien gonflé et élastique au toucher. Servir saupoudré de sucre glace.

Gâteau à la crème glacée au chocolat et aux amandes

Donne un gâteau de 23 cm/9 pouces

8 oz/225 g/2 tasses de chocolat nature (mi-sucré)

8 oz/225 g/1 tasse de beurre ou de margarine, ramolli

8 oz/225 g/1 tasse de sucre en poudre (superfin)

5 œufs, séparés

8 oz/225 g/2 tasses de farine auto-levante

4 oz/100 g/1 tasse d'amandes moulues

Pour le glaçage (glaçage) :

175g/6oz/1 tasse de sucre glace (glaçage)

1 oz/25 g/¼ tasse de poudre de cacao (chocolat non sucré)

30 ml/2 cuillères à soupe de Cointreau

30 ml/2 cuillères à soupe d'eau

Amandes blanchies pour décorer

Faire fondre le chocolat dans un bol résistant à la chaleur placé au-dessus d'une casserole d'eau frémissante. Refroidir légèrement.

Crémer le beurre ou la margarine et le sucre jusqu'à consistance légère et mousseuse. Battre les jaunes d'œufs, puis verser le chocolat fondu. Ajouter la farine et la poudre d'amandes. Battez les blancs d'œufs en neige ferme, puis incorporez-les progressivement au mélange de chocolat. Verser dans un moule à gâteau à fond amovible de 23 cm/9 pouces graissé et chemisé et cuire dans un four préchauffé à 180°C/350°F/gaz niveau 4 pendant 1h30 jusqu'à ce qu'il soit juste gonflé et élastique au toucher. Laisser refroidir.

Pour faire le glaçage, mélanger le sucre glace et le cacao et faire un puits au centre. Faire chauffer le Cointreau et l'eau, puis mélanger progressivement suffisamment de liquide avec le sucre glace pour obtenir un glaçage à tartiner. Lisser le gâteau et marquer un motif dans le glaçage avant qu'il ne refroidisse. Décorer d'amandes.

gâteau des anges au chocolat

Donne un gâteau de 2 lb/900 g

6 blancs d'œufs

Une pincée de sel

5 ml/1 cuillère à café de crème de tartre

450 g/1 lb/2 tasses de sucre en poudre (superfin)

2,5 ml/½ cuillère à café de jus de citron

Quelques gouttes d'essence de vanille (extrait)

1 tasse/4 oz/100 g de farine ordinaire (tout usage)

2 oz/50 g/½ tasse de poudre de cacao (chocolat non sucré)

5 ml/1 cuillère à café de levure chimique

Pour le glaçage (glaçage) :

6 oz/175 g/1 tasse de sucre glace, tamisé

5 ml/1 cuillère à café de poudre de cacao (chocolat non sucré)

Quelques gouttes d'essence de vanille (extrait)

30 ml/2 cuillères à soupe de lait

Battre les blancs d'œufs et le sel jusqu'à ce qu'ils forment des pics mous. Ajouter la crème de tartre et battre jusqu'à consistance ferme. Ajouter le sucre, le jus de citron et l'essence de vanille. Mélanger la farine, le cacao et la levure chimique, puis incorporer au mélange. Verser dans un moule à cake de 900 g/2 lb graissé et chemisé et cuire dans un four préchauffé à 180 °C/350 °F/gaz niveau 4 pendant 1 heure jusqu'à consistance ferme. Retirer immédiatement du moule et laisser refroidir sur une grille.

Pour faire le glaçage, mélanger tous les ingrédients du glaçage jusqu'à consistance lisse, en ajoutant le lait un peu à la fois. Verser sur le gâteau refroidi.

gâteau au chocolat américain

Donne un gâteau de 23 cm/9 pouces

1½ tasse/6 oz/175 g de farine ordinaire (tout usage)

45 ml/3 cuillères à soupe de poudre de cacao (chocolat non sucré)

5 ml/1 cuillère à café de bicarbonate de soude (bicarbonate de sodium)

8 oz/225 g/1 tasse de sucre en poudre (superfin)

75 ml/5 cuillères à soupe d'huile

15 ml/1 cuillère à soupe de vinaigre de vin blanc

5 ml/1 cuillère à café d'essence de vanille (extrait)

250 ml/8 fl oz/1 tasse d'eau froide

Pour le glaçage (glaçage) :

2 oz/50 g/¼ tasse de fromage à la crème

30 ml/2 cuillères à soupe de beurre ou de margarine

2,5 ml/½ cuillère à café d'essence de vanille (extrait)

6 oz/175 g/1 tasse de sucre glace, tamisé

Mélanger les ingrédients secs et faire un puits au centre. Verser l'huile, le vinaigre de vin et l'essence de vanille et bien mélanger. Ajouter l'eau froide et mélanger à nouveau jusqu'à consistance lisse. Versez dans un moule beurré de 23 cm de diamètre et faites cuire dans un four préchauffé à 180°C/350°F/thermostat 4 pendant 30 minutes. Laisser refroidir.

Pour faire le glaçage, mélanger le fromage à la crème, le beurre ou la margarine et l'essence de vanille jusqu'à consistance légère et mousseuse. Incorporer graduellement le sucre glace jusqu'à consistance lisse. Répartir sur le dessus du gâteau.

Tarte aux pommes au chocolat

Donne un gâteau de 20 cm/8 pouces

2 pommes à cuire (aigres)

Jus de citron

100 g/4 oz/½ tasse de beurre ou de margarine, ramolli

8 oz/225 g/1 tasse de sucre en poudre (superfin)

2 oeufs, légèrement battus

5 ml/1 cuillère à café d'essence de vanille (extrait)

2¼ tasses/9 oz/250 g de farine ordinaire (tout usage)

1 oz/25 g/¼ tasse de poudre de cacao (chocolat non sucré)

5 ml/1 cuillère à café de levure chimique

5 ml/1 cuillère à café de bicarbonate de soude (bicarbonate de sodium)

150 ml/¼ pt/2/3 tasse de lait

Pour le glaçage (glaçage) :

1 lb/450 g/22/3 tasses de sucre glace, tamisé

1 oz/25 g/¼ tasse de poudre de cacao (chocolat non sucré)

2 oz/50 g/¼ tasse de beurre ou de margarine

75 ml/5 cuillères à soupe de lait

Peler, épépiner et hacher finement les pommes, puis arroser d'un peu de jus de citron. Crémer le beurre ou la margarine et le sucre jusqu'à consistance légère et mousseuse. Incorporer progressivement les œufs et l'essence de vanille, puis ajouter la farine, le cacao, la levure chimique et le bicarbonate de soude en alternant avec le lait jusqu'à ce que le tout soit bien mélangé. Ajouter les pommes hachées. Verser dans un moule à gâteau de 20 cm de diamètre graissé et chemisé et cuire dans un four préchauffé à 180°C/350°F/thermostat 4 pendant 45 minutes jusqu'à ce qu'un cure-dent inséré au centre en ressorte propre. Laisser refroidir dans le moule pendant 10 minutes, puis démouler sur une grille pour terminer le refroidissement.

Pour faire le glaçage, mélangez le sucre glace, le cacao et le beurre ou la margarine, et ajoutez juste assez de lait pour rendre le mélange lisse et crémeux. Étaler sur le dessus et les côtés du gâteau et marquer des motifs avec une fourchette.

Gâteau Brownie Au Chocolat

Donne un gâteau de 15 x 10 pouces/38 x 25 cm

100 g/4 oz/½ tasse de beurre ou de margarine

100 g/4 oz/½ tasse de shortening (shortening végétal)

250 ml/8 fl oz/1 tasse d'eau

1 oz/25 g/¼ tasse de poudre de cacao (chocolat non sucré)

8 oz/2 tasses/225 g de farine ordinaire (tout usage)

450 g/1 lb/2 tasses de sucre en poudre (superfin)

120 ml/4 oz/½ tasse de babeurre

2 oeufs battus

5 ml/1 cuillère à café de bicarbonate de soude (bicarbonate de sodium)

Une pincée de sel

5 ml/1 cuillère à café d'essence de vanille (extrait)

Faire fondre le beurre ou la margarine, le saindoux, l'eau et le cacao dans une petite casserole. Mélanger la farine et le sucre dans un bol, verser le mélange fondu et bien mélanger. Ajouter les ingrédients restants et battre jusqu'à ce qu'ils soient bien mélangés. Verser dans un moule à roulé graissé et fariné (moule à jelly roll) et cuire dans un four préchauffé à 200°C/400°F/gaz niveau 6 pendant 20 minutes jusqu'à ce qu'il soit élastique au toucher.

170

Gâteau au chocolat et au babeurre

Donne un gâteau de 23 cm/9 pouces

8 oz/225 g/2 tasses de farine auto-levante

12 oz/350 g/1½ tasse de sucre en poudre (superfin)

5 ml/1 cuillère à café de bicarbonate de soude (bicarbonate de sodium)

2,5 ml/½ cuillère à café de sel

100 g/4 oz/½ tasse de beurre ou de margarine

250 ml/8 oz/1 tasse de babeurre

2 oeufs

2 oz/50 g/½ tasse de poudre de cacao (chocolat non sucré)

glaçage velours américain

Mélanger la farine, le sucre, le bicarbonate de soude et le sel. Frotter le beurre ou la margarine jusqu'à ce que le mélange ressemble à de la chapelure, puis ajouter le babeurre, les œufs et le cacao et continuer à battre jusqu'à consistance lisse. Répartissez le mélange dans deux moules à sandwich 9/23 cm graissés et chemisés et faites cuire dans un four préchauffé à 180°C/350°F/gaz niveau 4 pendant 30 minutes jusqu'à ce qu'un cure-dent inséré au centre en ressorte propre. Sandwich avec la moitié de l'American Velvet Frosting et garnir le gâteau avec le reste. Laisser reposer.

Tarte aux pépites de chocolat et aux amandes

Donne un gâteau de 20 cm/8 pouces

¾ tasse/6 oz/175 g de beurre ou de margarine, ramolli

6 oz/175 g/¾ tasse de sucre en poudre (superfin)

3 oeufs, légèrement battus

8 oz/225 g/2 tasses de farine auto-levante

2 oz/50 g/½ tasse d'amandes moulues

4 oz/100 g/1 tasse de pépites de chocolat

30 ml/2 cuillères à soupe de lait

¼ tasse/1 oz/25 g d'amandes effilées (tranchées)

Crémer le beurre ou la margarine et le sucre jusqu'à consistance légère et mousseuse. Ajouter progressivement les œufs, puis ajouter la farine, la poudre d'amandes et les pépites de chocolat. Mélangez suffisamment de lait pour obtenir une consistance liquide, puis ajoutez les amandes effilées. Verser dans un moule à gâteau de 20 cm de diamètre graissé et chemisé et cuire dans un four préchauffé à 180°C/350°F/thermostat 4 pendant 1 heure jusqu'à ce qu'un cure-dent inséré au centre en ressorte propre. Laisser refroidir dans le moule pendant 5 minutes, puis démouler sur une grille pour terminer le refroidissement.

Gâteau à la crème au chocolat

Donne un gâteau de 18 cm/7 pouces

4 œufs

100 g/4 oz/½ tasse de sucre en poudre (superfin)

2½ oz/60 g/2/3 tasse de farine ordinaire (tout usage)

1 oz/25 g/¼ tasse de chocolat à boire en poudre

150 ml/¼ pt/2/3 tasse de crème double (épaisse)

Battre les œufs et le sucre jusqu'à consistance légère et mousseuse. Ajouter la farine et le chocolat à boire. Répartissez le mélange dans deux moules à sandwich graissés et chemisés de 7/18 cm et faites cuire dans un four préchauffé à 200°C/400°F/gaz niveau 6 pendant 15 minutes jusqu'à ce qu'il soit élastique au toucher. Laisser refroidir sur une grille. Fouetter la crème jusqu'à consistance ferme, puis faire un sandwich avec les gâteaux avec la crème.

Gâteau au chocolat aux dattes

Donne un gâteau de 20 cm/8 pouces

1 oz/25 g/1 carré de chocolat régulier (mi-sucré)

175 g/6 oz/1 tasse de dattes dénoyautées (dénoyautées), hachées

5 ml/1 cuillère à café de bicarbonate de soude (bicarbonate de sodium)

13 fl oz/375 ml/1½ tasse d'eau bouillante

¾ tasse/6 oz/175 g de beurre ou de margarine, ramolli

8 oz/225 g/1 tasse de sucre en poudre (superfin)

2 oeufs battus

1½ tasse/6 oz/175 g de farine ordinaire (tout usage)

2,5 ml/½ cuillère à café de sel

2 oz/50 g/¼ tasse de sucre cristallisé

4 oz/100 g/1 tasse de pépites de chocolat sans saveur (mi-sucré)

Mélanger le chocolat, les dattes, le bicarbonate de soude et l'eau bouillante et remuer jusqu'à ce que le chocolat ait fondu. Crémer le beurre ou la margarine et le sucre jusqu'à consistance légère et mousseuse. Ajouter les œufs petit à petit. Ajouter la farine et le sel en alternance avec le mélange de chocolat et remuer jusqu'à ce que le tout soit bien mélangé. Verser dans un moule à cake carré de 20 cm de diamètre beurré et fariné. Mélanger le sucre cristallisé et les pépites de chocolat et saupoudrer dessus. Cuire dans un four préchauffé à 160°C/325°F/thermostat 3 pendant 45 minutes jusqu'à ce qu'un cure-dent inséré au centre en ressorte propre.

Gâteau familial au chocolat

Donne un gâteau de 23 cm/9 pouces

100 g/4 oz/½ tasse de beurre ou de margarine, ramolli

6 oz/175 g/¾ tasse de sucre en poudre (superfin)

2 oeufs, légèrement battus

5 ml/1 cuillère à café d'essence de vanille (extrait)

8 oz/2 tasses/225 g de farine ordinaire (tout usage)

45 ml/3 cuillères à soupe de poudre de cacao (chocolat non sucré)

10 ml/2 cuillères à café de levure chimique

2,5 ml/½ cuillère à café de bicarbonate de soude (bicarbonate de sodium)

Une pincée de sel

150 ml/8 oz/1 tasse d'eau

Crémer le beurre ou la margarine et le sucre jusqu'à consistance légère et mousseuse. Ajouter progressivement les œufs et l'essence de vanille, puis ajouter la farine, le cacao, la levure chimique, le bicarbonate de soude et le sel en alternant avec l'eau jusqu'à consistance lisse. Verser dans un moule à tarte de 9/23 cm graissé et tapissé et cuire dans un four préchauffé à 220°C/425°F/gaz niveau 7 pendant 20 à 25 minutes jusqu'à ce qu'il soit bien gonflé et élastique au toucher.

Gâteau du diable avec glaçage à la guimauve

Donne un gâteau de 18 cm/7 pouces

100 g/4 oz/½ tasse de beurre ou de margarine, ramolli

100 g/4 oz/½ tasse de sucre en poudre (superfin)

2 oeufs, légèrement battus

1/3 tasse/3 oz/75 g de farine auto-levante

15 ml/1 cuillère à soupe de poudre de cacao (chocolat non sucré)

Une pincée de sel

Pour le glaçage (glaçage) :

4 oz/100 g de guimauves

30 ml/2 cuillères à soupe de lait

2 blancs d'œufs

1 oz/25 g/2 cuillères à soupe de sucre en poudre (superfin)

Chocolat râpé pour décorer

Crémer le beurre ou la margarine et le sucre jusqu'à consistance légère et mousseuse. Incorporer les œufs petit à petit, puis ajouter la farine, le cacao et le sel. Répartissez le mélange dans deux moules à sandwich graissés et chemisés de 18 cm/7 et faites cuire dans un four préchauffé à 180°C/350°F/gaz niveau 4 pendant 25 minutes jusqu'à ce qu'ils soient bien gonflés et élastiques au toucher. Laisser refroidir.

Faites fondre les guimauves dans le lait à feu doux en remuant de temps en temps, puis laissez refroidir. Battez les blancs d'œufs en neige, puis ajoutez le sucre et battez à nouveau jusqu'à ce qu'ils soient fermes et brillants. Ajouter au mélange de guimauve et laisser reposer un peu. Même les gâteaux avec un tiers du glaçage à la guimauve, puis étalez le reste sur le dessus et les côtés du gâteau et décorez avec du chocolat râpé.

gâteau au chocolat de rêve

Donne un gâteau de 23 cm/9 pouces

8 oz/225 g/2 tasses de chocolat nature (mi-sucré)

30 ml/2 cuillères à soupe de poudre de café instantané

45 ml/3 cuillères à soupe d'eau

4 œufs, séparés

5 oz/150 g/2/3 tasse de beurre ou de margarine, coupé en dés

Une pincée de sel

100 g/4 oz/½ tasse de sucre en poudre (superfin)

50 g/2 oz/½ tasse de semoule de maïs (amidon de maïs)

Pour la décoration :

150 ml/¼ pt/2/3 tasse de crème double (épaisse)

1 oz/25 g/3 cuillères à soupe de sucre glace

1½ tasse/6 oz/175 g de noix hachées

Faire fondre le chocolat, le café et l'eau dans un bol résistant à la chaleur placé au-dessus d'une casserole d'eau frémissante. Retirer du feu et ajouter progressivement les jaunes d'œufs. Ajouter le beurre un morceau à la fois jusqu'à ce qu'il fonde dans le mélange. Battre les blancs d'œufs et le sel jusqu'à ce qu'ils forment des pics mous. Ajouter délicatement le sucre et battre jusqu'à consistance ferme. Incorporer la semoule de maïs. Incorporer une cuillère à soupe du mélange au chocolat, puis incorporer le chocolat aux blancs d'œufs restants. Verser dans un moule à tarte de 23 cm/9 graissé et chemisé et cuire dans un four préchauffé à 180°C/350°F/thermostat 4 pendant 45 minutes jusqu'à ce qu'il soit bien gonflé et à peine élastique au toucher. Retirer du four et laisser refroidir légèrement avant de démouler; le gâteau va craquer et couler.

Battre la crème jusqu'à ce qu'elle soit ferme, puis incorporer le sucre. Étendre un peu de crème sur le pourtour du gâteau et presser les noix hachées pour décorer. Étalez ou placez le reste de la crème dessus.

gâteau flottant au chocolat

Donne un gâteau de 23 x 30 cm/9 x 12 pouces

2 œufs, séparés

12 oz/350 g/1½ tasse de sucre en poudre (superfin)

1¾ tasses/7 oz/200 g de farine auto-levante

2,5 ml/½ cuillère à café de bicarbonate de soude (bicarbonate de sodium)

2,5 ml/½ cuillère à café de sel

60 ml/4 cuillères à soupe de poudre de cacao (chocolat non sucré)

75 ml/5 cuillères à soupe d'huile

250 ml/8 oz/1 tasse de babeurre

Bats les blancs d'oeufs en neige. Ajouter graduellement 100 g/4 oz/½ tasse de sucre et battre jusqu'à consistance ferme et brillante. Mélanger le sucre restant, la farine, le bicarbonate de soude, le sel et le cacao. Battre les jaunes d'œufs, l'huile et le babeurre. Ajouter délicatement les blancs d'œufs. Verser dans un moule à cake graissé et fariné de 23 x 32 cm/ 9 x 12 po et cuire dans un four préchauffé à 180 °C/350 °F/gaz niveau 4 pendant 40 minutes jusqu'à ce qu'un cure-dent inséré au centre en ressorte. propre.

Gâteau aux noisettes et au chocolat

Donne un gâteau de 10/25 cm

4 oz/100 g/1 tasse de noisettes

6 oz/175 g/¾ tasse de sucre en poudre (superfin)

1½ tasse/6 oz/175 g de farine ordinaire (tout usage)

2 oz/50 g/½ tasse de poudre de cacao (chocolat non sucré)

5 ml/1 cuillère à café de levure chimique

Une pincée de sel

2 oeufs, légèrement battus

2 blancs d'œufs

6 fl oz/175 ml/¾ tasse d'huile

60 ml/4 cuillères à soupe de café noir fort froid

Étalez les noisettes sur un plat allant au four (plaque) et faites cuire dans un four préchauffé à 180°C/350°F/gaz niveau 4 pendant 15 minutes jusqu'à ce qu'elles soient dorées. Frotter vivement sur un torchon (torchon) pour enlever la peau, puis hacher finement les noix au robot culinaire avec 15 ml/1 cuillère à soupe de sucre. Mélanger les noix avec la farine, le cacao, la levure et le sel. Battre les œufs et les blancs d'œufs jusqu'à consistance mousseuse. Ajouter le reste du sucre petit à petit et continuer à battre jusqu'à ce qu'il blanchisse. Ajouter progressivement l'huile, puis le café. Ajouter les ingrédients secs, puis verser dans un moule à tarte graissé et tapissé de 25 cm/10 à fond amovible et cuire dans un four préchauffé à 180°C/350°F/gaz niveau 4 pendant 30 minutes jusqu'à ce que le tout soit pris. .

Gâteau au chocolat

Donne un gâteau de 2 lb/900 g

60 ml/4 cuillères à soupe de poudre de cacao (chocolat non sucré)

100 g/4 oz/½ tasse de beurre ou de margarine

120 ml/4 oz/½ tasse d'huile

250 ml/8 fl oz/1 tasse d'eau

12 oz/350 g/1½ tasse de sucre en poudre (superfin)

8 oz/225 g/2 tasses de farine auto-levante

2 oeufs battus

120 ml/4 oz/½ tasse de lait

2,5 ml/½ cuillère à café de bicarbonate de soude (bicarbonate de sodium)

5 ml/1 cuillère à café d'essence de vanille (extrait)

Pour le glaçage (glaçage) :

60 ml/4 cuillères à soupe de poudre de cacao (chocolat non sucré)

100 g/4 oz/½ tasse de beurre ou de margarine

60 ml/4 cuillères à soupe de lait évaporé

1 lb/450 g/22/3 tasses de sucre glace, tamisé

5 ml/1 cuillère à café d'essence de vanille (extrait)

4 oz/100 g/1 tasse de chocolat nature (mi-sucré)

Mettre le cacao, le beurre ou la margarine, l'huile et l'eau dans une casserole et porter à ébullition. Retirer du feu et ajouter le sucre et la farine. Battre ensemble les œufs, le lait, le bicarbonate de soude et l'essence de vanille, puis ajouter au mélange dans la poêle. Verser dans un moule à cake de 900 g/2 lb graissé et chemisé et cuire dans un four préchauffé à 180 °C/350 °F/gaz niveau 4 pendant 1h15 jusqu'à ce qu'il soit bien gonflé et élastique au toucher. Démouler et laisser refroidir sur une grille.

Pour faire le glaçage, porter tous les ingrédients à ébullition dans une casserole moyenne. Battre jusqu'à consistance lisse, puis verser sur le gâteau pendant qu'il est encore chaud. Laisser reposer.

Gâteau au chocolat

Donne un gâteau de 23 cm/9 pouces

5 oz/1¼ tasse/150 g de chocolat nature (mi-sucré)

5 oz/150 g/2/3 tasse de beurre ou de margarine, ramolli

5 oz/150 g/2/3 tasse de sucre en poudre (superfin)

3 oz/75 g/¾ tasse d'amandes moulues

3 œufs, séparés

1 tasse/4 oz/100 g de farine ordinaire (tout usage)

Pour le remplissage et la garniture :

300 ml/½ pt/1¼ tasse de crème double (épaisse)

7 oz/200 g/1¾ tasse de chocolat nature (mi-sucré), haché

copeaux de chocolat émiettés

Faire fondre le chocolat dans un bol résistant à la chaleur au-dessus d'une casserole d'eau frémissante. Crémer le beurre ou la margarine et le sucre, puis incorporer le chocolat, les amandes et les jaunes d'œufs. Battre les blancs d'œufs jusqu'à ce qu'ils forment des pics mous, puis les incorporer au mélange avec une cuillère en métal. Ajouter délicatement la farine. Verser dans un moule à tarte graissé de 9 pouces/23 cm et cuire dans un four préchauffé à 180°C/350°F/gaz niveau 4 pendant 40 minutes, jusqu'à ce qu'il soit élastique au toucher.

Pendant ce temps, porter la crème à ébullition, puis ajouter le chocolat haché et remuer jusqu'à ce qu'il soit fondu. Laisser refroidir. Lorsque le gâteau est cuit et refroidi, coupez-le horizontalement et scellez-le avec la moitié de la crème au chocolat. Étalez le reste sur le dessus et décorez avec quelques copeaux de chocolat émiettés.

gâteau au chocolat italien

Donne un gâteau de 23 cm/9 pouces

100 g/4 oz/½ tasse de beurre ou de margarine

8 oz/225 g/1 tasse de cassonade douce

30 ml/2 cuillères à soupe de poudre de cacao (chocolat non sucré)

3 oeufs bien battus

3 oz/75 g/¾ tasse de chocolat nature (mi-sucré)

150 ml/4 oz/½ tasse d'eau bouillante

14 oz/400 g/3½ tasses de farine ordinaire (tout usage)

5 ml/1 cuillère à café de levure chimique

Une pincée de sel

10 ml/2 cuillères à café d'essence de vanille (extrait)

6 fl oz/175 ml/¾ tasse de crème ordinaire (légère)

150 ml/¼ pt/2/3 tasse de crème double (épaisse)

Crème beurre ou margarine, sucre et cacao. Ajouter les œufs petit à petit. Faire fondre le chocolat dans l'eau bouillante, puis l'ajouter au mélange. Ajouter la farine, la levure chimique et le sel. Battre l'essence de vanille et la crème. Répartir dans deux moules à gâteau de 9/23 cm graissés et chemisés et cuire dans un four préchauffé à 180°C/350°F/gaz niveau 4 pendant 25 minutes jusqu'à ce qu'ils soient bien gonflés et élastiques au toucher. Laisser refroidir dans les moules pendant 5 minutes, puis démouler sur une grille pour terminer le refroidissement. Fouetter la crème double jusqu'à ce qu'elle soit ferme, puis l'utiliser pour prendre les gâteaux ensemble.

Gâteau à la crème glacée au chocolat et aux noisettes

Donne un gâteau de 23 cm/9 pouces

1¼ tasse/5 oz/150 g de noisettes sans peau

8 oz/225 g/1 tasse de sucre cristallisé

15 ml/1 cuillère à soupe de poudre de café instantané

60 ml/4 cuillères à soupe d'eau

1½ tasse/6 oz/175 g de chocolat nature (mi-sucré), brisé

5 ml/1 cuillère à café d'essence d'amande (extrait)

100 g/4 oz/½ tasse de beurre ou de margarine, ramolli

8 œufs, séparés

45 ml/3 cuillères à soupe de miettes de craquelins digestifs (biscuits graham)

Pour le glaçage (glaçage) :

1½ tasse/6 oz/175 g de chocolat nature (mi-sucré), brisé

60 ml/4 cuillères à soupe d'eau

15 ml/1 cuillère à soupe de poudre de café instantané

8 oz/225 g/1 tasse de beurre ou de margarine, ramolli

3 jaunes d'œufs

175g/6oz/1 tasse de sucre glace (glaçage)

Chocolat râpé pour décorer (facultatif)

Faire griller les noisettes dans une poêle à sec jusqu'à ce qu'elles soient légèrement dorées, en secouant la poêle de temps en temps, puis broyer jusqu'à ce qu'elles soient assez fines. Réserver 45 ml/3 cuillères à soupe pour le glaçage.

Faites dissoudre le sucre et le café dans l'eau à feu doux en remuant pendant 3 minutes. Retirer du feu et ajouter le chocolat et l'essence d'amande. Remuer jusqu'à ce qu'il soit fondu et lisse, puis laisser refroidir légèrement. Battre le beurre ou la margarine jusqu'à consistance légère et mousseuse, puis incorporer progressivement les jaunes d'œufs. Ajouter les noisettes et la chapelure de biscuits. Battre les blancs d'œufs en neige ferme, puis les incorporer au mélange. Répartir dans deux moules à gâteau de 9/23 cm graissés et chemisés et cuire dans un four préchauffé à 180°C/350°F/gaz niveau 4 pendant 25 minutes jusqu'à ce que le gâteau commence à rétrécir des parois du moule. et se sent élastique au toucher.

Pour faire le glaçage, faites fondre le chocolat, l'eau et le café à feu doux en remuant jusqu'à consistance lisse. Laisser refroidir. Battre le beurre ou la margarine jusqu'à consistance légère et mousseuse. Ajouter progressivement les jaunes d'œufs, puis le mélange de chocolat. Battre le sucre glace. Réfrigérer jusqu'à ce qu'il ait une consistance tartinable.

Même les gâteaux avec la moitié du glaçage, puis étalez la moitié restante sur les côtés du gâteau et pressez les noisettes réservées sur les côtés. Couvrir le dessus du gâteau avec une fine couche de glaçage et pocher des rosettes de glaçage autour du bord. Décorez de chocolat râpé, si vous le souhaitez.

Tarte italienne au chocolat et à la crème de cognac

Donne un gâteau de 23 cm/9 pouces

14 oz/400 g/3½ tasses de chocolat nature (mi-sucré)

14 fl oz/400 ml/1¾ tasses de crème double (épaisse)

600 ml/1 pt/2½ tasses de café noir fort et froid

75 ml/5 cuillères à soupe de cognac ou d'amaretto

400g/14oz de génoises

Faire fondre le chocolat dans un bol résistant à la chaleur placé au-dessus d'une casserole d'eau frémissante. Retirer du feu et laisser refroidir. Pendant ce temps, battre la crème jusqu'à consistance ferme. Battre le chocolat dans la crème. Mélangez du café et du cognac ou de l'amaretto. Tremper un tiers des biscuits dans la pâte pour les humecter et les utiliser pour tapisser un moule à tarte de 23 cm à fond lâche recouvert de papier d'aluminium. Tartiner de la moitié du mélange de crème. Humidifiez et ajoutez une autre couche de biscuits, puis le reste de la crème et enfin le reste des biscuits. Bien refroidir avant de démouler pour servir.

gâteau au chocolat en couches

Donne un gâteau de 20 cm/8 pouces

3 oz/75 g/¾ tasse de chocolat nature (mi-sucré)

¾ tasse/6 oz/175 g de beurre ou de margarine, ramolli

6 oz/175 g/¾ tasse de sucre en poudre (superfin)

3 oeufs, légèrement battus

1 ¼ tasse/5 oz/150 g de farine auto-levante

1 oz/25 g/¼ tasse de poudre de cacao (chocolat non sucré)

Pour le glaçage (glaçage) :

175g/6oz/1 tasse de sucre glace (glaçage)

2 oz/50 g/½ tasse de poudre de cacao (chocolat non sucré)

¾ tasse/6 oz/175 g de beurre ou de margarine, ramolli

Chocolat râpé pour décorer

Faire fondre le chocolat dans un bol résistant à la chaleur placé au-dessus d'une casserole d'eau frémissante. Refroidir légèrement. Crémer le beurre ou la margarine et le sucre jusqu'à consistance légère et mousseuse. Incorporer les œufs petit à petit, puis incorporer la farine et le cacao et le chocolat fondu. Versez le mélange dans un moule à gâteau de 20 cm / 8 pouces graissé et chemisé et faites cuire dans un four préchauffé à 180 ° C / 350 ° F

/ thermostat 4 pendant 1 heure ¼ jusqu'à ce qu'il soit élastique au toucher. Laisser refroidir.

Pour faire le glaçage, crémez ensemble le sucre glace, le cacao et le beurre ou la margarine jusqu'à obtenir un glaçage à tartiner. Lorsque le gâteau est froid, coupez-le horizontalement en trois et utilisez les deux tiers du glaçage pour coller les trois couches ensemble. Étaler le glaçage restant sur le dessus, marquer un motif avec une fourchette et décorer avec du chocolat râpé.

gâteaux moelleux au chocolat

Donne un gâteau de 20 cm/8 pouces

1¾ tasses/7 oz/200 g de farine ordinaire (tout usage)

30 ml/2 cuillères à soupe de poudre de cacao (chocolat non sucré)

5 ml/1 cuillère à café de bicarbonate de soude (bicarbonate de sodium)

5 ml/1 cuillère à café de levure chimique

5 oz/150 g/2/3 tasse de sucre en poudre (superfin)

30 ml/2 cuillères à soupe de sirop doré (maïs clair)

2 oeufs, légèrement battus

150 ml/¼ st/2/3 tasse d'huile

150 ml/¼ pt/2/3 tasse de lait

150 ml/¼ pt/2/3 tasse de crème double (épaisse) ou fouettée, fouettée

Battre tous les ingrédients sauf la crème jusqu'à obtenir une pâte. Verser dans deux moules à cake 8/20 cm graissés et chemisés et cuire dans un four préchauffé à 160°C/325°F/gaz niveau 3 pendant 35 minutes jusqu'à ce qu'ils soient bien gonflés et élastiques au toucher. Laisser refroidir, puis tartiner avec la chantilly.

gâteau au moka

Donne un gâteau de 23 x 30 cm/9 x 12 pouces

450 g/1 lb/2 tasses de sucre en poudre (superfin)

8 oz/2 tasses/225 g de farine ordinaire (tout usage)

3 oz/75 g/¾ tasse de poudre de cacao (chocolat non sucré)

10 ml/2 cuillères à café de bicarbonate de soude (bicarbonate de soude)

5 ml/1 cuillère à café de levure chimique

Une pincée de sel

120 ml/4 oz/½ tasse d'huile

250 ml/8 fl oz/1 tasse de café noir chaud

250 ml/8 oz/1 tasse de lait

2 oeufs, légèrement battus

Mélanger les ingrédients secs et faire un puits au centre. Ajouter le reste des ingrédients et mélanger jusqu'à ce que les ingrédients secs soient absorbés. Vierta en un molde para pasteles de 23 x 30 cm/9 x 12 pulgadas engrasado y forrado y hornee en un horno precalentado a 180 °C/350 °F/nivel de gas 4 durante 35 a 40 minutos hasta que se inserte un palillo en centre. ressort propre.

Gâteau de boue

Donne un gâteau de 20 cm/8 pouces

8 oz/225 g/2 tasses de chocolat nature (mi-sucré)

8 oz/225 g/1 tasse de beurre ou de margarine

8 oz/225 g/1 tasse de sucre en poudre (superfin)

4 oeufs, légèrement battus

15 ml/1 cuillère à soupe de semoule de maïs (amidon de maïs)

Faire fondre le chocolat et le beurre ou la margarine dans un bol résistant à la chaleur placé au-dessus d'une casserole d'eau frémissante. Retirer du feu et incorporer le sucre jusqu'à dissolution, puis incorporer les œufs et la semoule de maïs. Verser dans un moule à gâteau graissé et tapissé de 8/20 cm et placer le moule sur une rôtissoire contenant suffisamment d'eau chaude pour arriver à mi-hauteur des côtés du moule. Cuire dans un four préchauffé à 180°C/350°F/thermostat 4 pendant 1 heure. Retirer de la casserole d'eau et laisser refroidir dans le moule, puis réfrigérer jusqu'au moment de démouler et de servir.

Tarte à la boue du Mississippi avec base croustillante

Donne un gâteau de 23 cm/9 pouces

3 oz/75 g/¾ tasse de chapelure de pain d'épice

3 oz/75 g/¾ tasse de chapelure de craquelins digestifs (biscuits Graham)

2 oz/50 g/¼ tasse de beurre ou de margarine, fondu

11 oz/300 g de guimauves

90 ml/6 cuillères à soupe de lait

2,5 ml/½ cuillère à café de noix de muscade râpée

60 ml/4 cuillères à soupe de rhum ou de cognac

20 ml/4 cuillères à café de café noir fort

450 g/l lb/4 tasses de chocolat nature (mi-sucré)

450 ml/¾ pt/2 tasses de crème double (épaisse)

Mélanger les miettes de biscuits avec le beurre fondu et presser au fond d'un moule à gâteau à fond lâche de 9 pouces/23 cm graissé. Cool.

Faites fondre les guimauves avec le lait et la muscade à feu doux. Retirer du feu et laisser refroidir. Mélangez du rhum ou du cognac et du café. Pendant ce temps, faire fondre les trois quarts du chocolat dans un bol résistant à la chaleur posé sur une casserole d'eau frémissante. Retirer du feu et laisser refroidir. Fouetter la crème jusqu'à consistance ferme. Incorporer le chocolat et la crème au mélange de guimauve. Verser dans le fond et lisser le dessus. Couvrir d'un film alimentaire (pellicule plastique) et réfrigérer pendant 2 heures jusqu'à ce qu'il soit pris.

Faire fondre le reste du chocolat dans un bol résistant à la chaleur placé au-dessus d'une casserole d'eau frémissante. Étendre finement le chocolat sur une plaque à pâtisserie (à biscuits) et réfrigérer jusqu'à ce qu'il soit presque pris. Passer un couteau bien aiguisé dans le chocolat pour le couper en boucles et l'utiliser pour décorer le dessus du gâteau.

Gâteau au chocolat et aux noix

Donne un gâteau de 20 cm/8 pouces

1½ tasse/6 oz/175 g d'amandes moulues

6 oz/175 g/¾ tasse de sucre en poudre (superfin)

4 œufs, séparés

5 ml/1 cuillère à café d'essence de vanille (extrait)

1½ tasse/6 oz/175 g de chocolat nature (mi-sucré), râpé

15 ml/1 cuillère à soupe de noix hachées

Incorporer les amandes moulues et le sucre, puis ajouter les jaunes d'œufs, l'essence de vanille et le chocolat. Battre les blancs d'œufs en neige très ferme, puis les incorporer au mélange de chocolat avec une cuillère en métal. Verser dans un moule à cake de 8/20 cm graissé et chemisé et saupoudrer de noix concassées. Cuire dans un four préchauffé à 190°C/375°F/gaz niveau 5 pendant 25 minutes jusqu'à ce qu'ils soient bien gonflés et élastiques au toucher.

Gâteau au chocolat riche

Donne un gâteau de 2 lb/900 g

7 oz/200 g/1¾ tasse de chocolat nature (mi-sucré)

15 ml/1 cuillère à soupe de café noir fort

8 oz/225 g/1 tasse de beurre ou de margarine, ramolli

8 oz/225 g/1 tasse de sucre cristallisé

4 œufs

8 oz/2 tasses/225 g de farine ordinaire (tout usage)

5 ml/1 cuillère à café de levure chimique

Faire fondre le chocolat avec le café dans un bol résistant à la chaleur placé au-dessus d'une casserole d'eau frémissante. Pendant ce temps, crémer le beurre ou la margarine et le sucre jusqu'à consistance légère et mousseuse. Ajouter les oeufs petit à petit en battant bien après chaque ajout. Ajouter le chocolat fondu, puis ajouter la farine et la levure chimique. Vierta la mezcla en un molde para pan de 900 g/2 lb engrasado y forrado y hornee en un horno precalentado a 190 °C/375 °F/nivel de gas 5 durante aproximadamente 1 hora hasta que al insertar un palillo en el centro salga propre. . Si nécessaire, couvrir le dessus de papier d'aluminium ou de papier sulfurisé (ciré) pendant les 10 dernières minutes de cuisson pour éviter un brunissement excessif.

Gâteau au chocolat, aux noix et aux cerises

Donne un gâteau de 20 cm/8 pouces

8 oz/225 g/1 tasse de beurre ou de margarine, ramolli

8 oz/225 g/1 tasse de sucre en poudre (superfin)

4 œufs

Quelques gouttes d'essence de vanille (extrait)

225g/8oz/2 tasses de farine de seigle

8 oz/225 g/2 tasses de noisettes moulues

45 ml/3 cuillères à soupe de poudre de cacao (chocolat non sucré)

10 ml/2 cuillères à café de cannelle moulue

5 ml/1 cuillère à café de levure chimique

2 lb/900 g de cerises dénoyautées (dénoyautées)

Sucre glace (glaçage) pour saupoudrer

Crémer le beurre ou la margarine et le sucre jusqu'à ce qu'ils soient pâles et mousseux. Incorporer les œufs petit à petit, un à la fois, puis ajouter l'essence de vanille. Mélanger la farine, les noix, le cacao, la cannelle et la levure chimique, puis incorporer au mélange et mélanger jusqu'à consistance lisse. Abaisser la pâte sur une surface légèrement farinée en un cercle de 8 pouces / 20 cm et presser doucement dans une assiette à tarte à fond lâche graissée (moule). Déposer les cerises dessus. Cuire dans un four préchauffé à 200°C/400°F/gaz niveau 6 pendant 30 minutes jusqu'à ce qu'il soit élastique au toucher. Retirer du moule pour refroidir, puis saupoudrer de sucre glace avant de servir.

Gâteau au chocolat au rhum

Donne un gâteau de 20 cm/8 pouces

4 oz/100 g/1 tasse de chocolat nature (mi-sucré)

15 ml/1 cuillère à soupe de rhum

3 oeufs

100 g/4 oz/½ tasse de sucre en poudre (superfin)

¼ tasse/1 oz/25 g de semoule de maïs (amidon de maïs)

2 oz/50 g/½ tasse de farine auto-levante

Faire fondre le chocolat avec le rhum dans un bol résistant à la chaleur placé au-dessus d'une casserole d'eau frémissante. Battre les œufs et le sucre jusqu'à consistance légère et mousseuse, puis incorporer la fécule de maïs et la farine. Ajouter le mélange de chocolat. Verser dans un moule à tarte de 20 cm/8 pouces graissé et chemisé et cuire dans un four préchauffé à 190°C/375°F/gaz niveau 5 pendant 10 à 15 minutes jusqu'à ce qu'il soit élastique au toucher.

sandwich au chocolat

Donne un gâteau de 20 cm/8 pouces

1 tasse/4 oz/100 g de farine ordinaire (tout usage)

10 ml/2 cuillères à café de levure chimique

Une pincée de bicarbonate de soude (bicarbonate de soude)

2 oz/50 g/½ tasse de poudre de cacao (chocolat non sucré)

8 oz/225 g/1 tasse de sucre en poudre (superfin)

120 ml / 4 fl oz / ½ tasse d'huile de maïs

120 ml/4 oz/½ tasse de lait

150 ml/¼ pt/2/3 tasse de crème double (épaisse)

4 oz/100 g/1 tasse de chocolat nature (mi-sucré)

Mélanger la farine, la levure chimique, le bicarbonate de soude et le cacao. Ajouter le sucre. Mélanger l'huile et le lait et mélanger aux ingrédients secs jusqu'à consistance lisse. Répartir dans deux moules à sandwich 8/20 cm graissés et chemisés et faire cuire dans un four préchauffé à 180°C/350°F/gaz niveau 3 pendant 40 minutes jusqu'à ce qu'ils soient élastiques au toucher. Transférer sur une grille pour refroidir.

Fouetter la crème jusqu'à consistance ferme. Réserver 30 ml/2 cuillères à soupe et utiliser le reste pour faire un sandwich avec les gâteaux. Faire fondre le chocolat et la crème réservée dans un bol résistant à la chaleur placé au-dessus d'une casserole d'eau frémissante. Répartir sur le gâteau et laisser reposer.

Gâteau Caroube et Noix

Donne un gâteau de 18 cm/7 pouces

¾ tasse/6 oz/175 g de beurre ou de margarine, ramolli

100 g/4 oz/½ tasse de cassonade douce

4 œufs, séparés

¾ tasse/3 oz/75 g de farine ordinaire (tout usage)

1 oz/25 g/¼ tasse de poudre de caroube

Une pincée de sel

Le zeste finement râpé et le jus d'1 orange

Barres de caroube de 175 g/6 oz

4 oz/100 g/1 tasse de noix mélangées hachées

Crémer 100 g/4 oz/½ tasse de beurre ou de margarine avec le sucre jusqu'à consistance légère et mousseuse. Ajouter progressivement les jaunes d'œufs, puis ajouter la farine, la poudre de caroube, le sel, le zeste d'orange et 15 ml/1 cuillère à soupe de jus d'orange. Versez le mélange dans deux moules à cake graissés et chemisés de 7/18 cm et faites cuire dans un four préchauffé à 180°C/350°F/gaz niveau 4 pendant 20 minutes jusqu'à ce qu'il soit élastique au toucher. Retirer des moules et laisser refroidir.

Faire fondre la caroube avec le jus d'orange restant dans un bol résistant à la chaleur placé au-dessus d'une casserole d'eau frémissante. Retirer du feu et ajouter le reste du beurre ou de la margarine. Laisser refroidir légèrement en remuant de temps en temps. Associez les gâteaux refroidis avec la moitié du glaçage et étalez le reste sur le dessus. Marquer un motif avec une fourchette et saupoudrer de noix pour décorer.

Bûche de Noël Caroube

Fait un rouleau de 20 cm/8 pouces

3 gros oeufs

100 g/4 oz/1/3 tasse de miel léger

¾ tasse/3 oz/75 g de farine de blé entier (blé entier)

1 oz/25 g/¼ tasse de poudre de caroube

20 ml/4 cuillères à café d'eau chaude

Pour le remplissage:

6 oz/175 g/¾ tasse de fromage à la crème

Quelques gouttes d'essence de vanille (extrait)

5 ml/1 cuillère à café de granulés de café, dissous dans un peu d'eau chaude

30 ml/2 cuillères à soupe de miel léger

15 ml/1 cuillère à soupe de poudre de caroube

Battre les œufs et le miel jusqu'à épaississement. Ajouter la farine et la caroube, puis l'eau chaude. Verser dans un moule à roulé graissé et chemisé de 30 x 20 cm/12 x 8 et faire cuire dans un four préchauffé à 220°C/425°F/gaz niveau 7 pendant 15 minutes jusqu'à ce qu'il soit juste pris. le toucher. Retournez un morceau de papier sulfurisé (ciré) et coupez les bords. Roulez à partir de l'extrémité courte, en vous aidant du papier, et laissez-le jusqu'à ce qu'il refroidisse.

Pour faire la garniture, fouetter tous les ingrédients ensemble. Déroulez le gâteau et retirez le papier. Étalez la moitié de la garniture sur le gâteau, presque jusqu'aux bords, puis roulez à nouveau. Étalez le reste de la garniture sur le dessus et marquez un motif de croûte avec les dents d'une fourchette.

gâteau aux graines de carvi

Donne un gâteau de 18 cm/7 pouces

8 oz/225 g/1 tasse de beurre ou de margarine, ramolli

8 oz/225 g/1 tasse de sucre en poudre (superfin)

4 œufs, séparés

8 oz/225 g/2 tasses de farine auto-levante

1 oz/25 g/¼ tasse de graines de carvi

2,5 ml/½ cuillère à café de cannelle moulue

2,5 ml/½ cuillère à café de noix de muscade râpée

Crémer le beurre ou la margarine et le sucre jusqu'à ce qu'ils soient pâles et mousseux. Battez les jaunes d'œufs et ajoutez-les au mélange, puis ajoutez la farine, les graines et les épices. Battre les blancs d'œufs en neige ferme, puis les incorporer au mélange. Versez le mélange dans un moule à tarte de 18 cm/7 graissé et tapissé et faites cuire dans un four préchauffé à 180°C/350°F/thermostat 4 pendant 1 heure jusqu'à ce qu'un cure-dent inséré au centre en ressorte propre.

Gâteau de riz aux amandes

Donne un gâteau de 20 cm/8 pouces

8 oz/225 g/1 tasse de beurre ou de margarine, ramolli

8 oz/225 g/1 tasse de sucre en poudre (superfin)

3 œufs battus

1 tasse/4 oz/100 g de farine ordinaire (tout usage)

¾ tasse/3 oz/75 g de farine auto-levante

¾ tasse/3 oz/75 g de riz moulu

2,5 ml/½ cuillère à café d'essence d'amande (extrait)

Crémer le beurre ou la margarine et le sucre jusqu'à consistance légère et mousseuse. Battre les oeufs petit à petit. Ajouter les farines et le riz moulu et ajouter l'essence d'amandes. Verser dans un moule à tarte de 20 cm/8 beurré et chemisé et cuire dans un four préchauffé à 150°C/300°F/thermostat 2 pendant 1h15 jusqu'à ce qu'il soit élastique au toucher. Laisser refroidir dans le moule pendant 10 minutes avant de démouler sur une grille pour terminer le refroidissement.

gâteau à la bière

Donne un gâteau de 20 cm/8 pouces

8 oz/225 g/1 tasse de beurre ou de margarine, ramolli

8 oz/225 g/1 tasse de cassonade douce

2 oeufs, légèrement battus

12 oz/350 g/3 tasses de farine de blé entier (blé entier)

10 ml/2 cuillères à café de levure chimique

5 ml / 1 c. à thé d'épices mélangées moulues (tarte aux pommes)

150 ml/¼ pt/2/3 tasse de stout

175g/6oz/1 tasse de groseilles

6 oz/175 g/1 tasse de raisins secs (raisins dorés)

50g/2oz/1/3 tasse de raisins secs

4 oz/100 g/1 tasse de noix mélangées hachées

le zeste râpé d'1 grosse orange

Crémer le beurre ou la margarine et le sucre jusqu'à consistance légère et mousseuse. Incorporer les œufs petit à petit en battant bien après chaque ajout. Mélanger la farine, la levure chimique et les épices et ajouter progressivement le mélange crémeux en alternant avec le stout, puis ajouter les fruits, les noix et le zeste d'orange. Verser dans un moule à tarte de 20 cm / 8 pouces graissé et chemisé et cuire dans un four préchauffé à 150°C / 300°F / thermostat 2 pendant 2 heures ¼ jusqu'à ce qu'un cure-dent inséré au centre en ressorte propre. Laisser refroidir dans le moule pendant 30 minutes, puis démouler sur une grille pour terminer le refroidissement.

Gâteau à la bière et aux dattes

Donne un gâteau de 23 cm/9 pouces

8 oz/225 g/1 tasse de beurre ou de margarine, ramolli

1 lb/450 g/2 tasses de cassonade douce

2 oeufs, légèrement battus

450 g/1 lb/4 tasses de farine ordinaire (tout usage)

175 g/6 oz/1 tasse de dattes dénoyautées (dénoyautées), hachées

4 oz/100 g/1 tasse de noix mélangées hachées

10 ml/2 cuillères à café de bicarbonate de soude (bicarbonate de soude)

5 ml/1 cuillère à café de cannelle moulue

5 ml / 1 c. à thé d'épices mélangées moulues (tarte aux pommes)

2,5 ml/½ cuillère à café de sel

500 ml/17 fl oz/2¼ tasses de bière ou de bière blonde

Crémer le beurre ou la margarine et le sucre jusqu'à consistance légère et mousseuse. Battre progressivement les œufs, puis ajouter les ingrédients secs en alternance avec la bière jusqu'à obtention d'un mélange onctueux. Verser dans un moule à cake graissé et chemisé de 23 cm/9 et cuire dans un four préchauffé à 180°C/350°F/thermostat 4 pendant 1 heure jusqu'à ce qu'un cure-dent inséré au centre en ressorte propre. Laisser refroidir dans le moule pendant 10 minutes, puis démouler sur une grille pour terminer le refroidissement.

gâteau battenburg

Donne un gâteau de 18 cm/7 pouces

¾ tasse/6 oz/175 g de beurre ou de margarine, ramolli

6 oz/175 g/¾ tasse de sucre en poudre (superfin)

3 oeufs, légèrement battus

8 oz/225 g/2 tasses de farine auto-levante

Quelques gouttes d'essence de vanille (extrait)

Quelques gouttes d'essence de framboise (extrait) Pour le glaçage :

15 ml/1 cuillère à soupe de confiture de framboises (en conserve), tamisée (filtrée)

8 oz/225 g Pâte d'amande

Quelques cerises glacées (confites)

Crémer le beurre ou la margarine et le sucre. Incorporer les œufs petit à petit, puis ajouter la farine et l'essence de vanille. Diviser le mélange en deux et incorporer l'essence de framboise dans une moitié. Graisser et tapisser un moule à gâteau carré de 7 pouces / 18 cm et le diviser en deux en pliant du papier sulfurisé (ciré) au centre du moule. Versez chaque mélange dans la moitié du moule et faites cuire dans un four préchauffé à 180°C/350°F/gaz niveau

4 pendant environ 50 minutes jusqu'à ce qu'il soit élastique au toucher. Laisser refroidir sur une grille.

Garnir les bords du gâteau et couper chaque morceau en deux dans le sens de la longueur. Faire un sandwich avec une tranche rose et une tranche vanille en bas et une tranche vanille et une tranche rose en haut, en utilisant un peu de confiture pour les lier ensemble. Badigeonner l'extérieur du gâteau avec le reste de confiture. Étalez la pâte d'amande en un rectangle d'environ 18 x 38 cm/7 x 15 pouces. Appuyez sur l'extérieur du gâteau et coupez les bords. Décorer le dessus de cerises glacées.

Gâteau au pouding au pain

Donne un gâteau de 23 cm/9 pouces

8 oz/225 g/8 tranches de pain épaisses

300 ml/½ pt/1¼ tasse de lait

12 oz/350 g/2 tasses de mélange montagnard (mélange pour gâteau aux fruits)

¼ tasse/2 oz/50 g de zeste mélangé (confit) haché

1 pomme, pelée, évidée et râpée

45 ml/3 cuillères à soupe de cassonade douce

30 ml/2 cuillères à soupe de confiture

45 ml/3 cuillères à soupe de farine auto-levante

2 oeufs, légèrement battus

5 ml/1 cuillère à café de jus de citron

10 ml/2 cuillères à café de cannelle moulue

100 g/4 oz/½ tasse de beurre ou de margarine, fondu

Faire tremper le pain dans le lait jusqu'à ce qu'il soit très mou. Mélanger tous les ingrédients restants sauf le beurre ou la margarine. Ajouter la moitié du beurre ou de la margarine, puis verser le mélange dans un moule à gâteau carré graissé de 9/23 cm (moule) et verser le reste du beurre ou de la margarine par-dessus. Cuire dans un four préchauffé à 150°C/300°F/gaz niveau 3 pendant 1h30, puis augmenter la température du four à 180°C/350°F/gaz niveau 4 et cuire encore 30 minutes. Laisser refroidir dans le moule.

Gâteau anglais au babeurre

Donne un gâteau de 20 cm/8 pouces

3 oz/75 g/1/3 tasse de beurre ou de margarine

3 oz/75 g/1/3 tasse de shortening (shortening végétal)

450 g/l lb/4 tasses de farine ordinaire (tout usage)

100 g/4 oz/½ tasse de sucre en poudre (superfin)

6 oz/175 g/1 tasse de zeste mélangé (confit) haché

100g/4oz/2/3 tasse de raisins secs

30 ml/2 cuillères à soupe de confiture

250 ml/8 fl oz/1 tasse de babeurre ou de lait aigre

5 ml/1 cuillère à café de bicarbonate de soude (bicarbonate de sodium)

Frotter le beurre ou la margarine et le saindoux dans la farine jusqu'à ce que le mélange ressemble à de la chapelure. Ajouter la farine, le sucre, le zeste mélangé et les raisins secs. Chauffer un peu la confiture pour qu'elle se mélange facilement au lait, puis incorporer le bicarbonate de soude et mélanger au mélange à gâteau pour former une pâte lisse. Verser dans un moule à cake de 20 cm de diamètre beurré et chemisé et cuire au four préchauffé à 160°C/325°F/thermostat 3 pendant 1 heure. Baissez la température du four à 150°C/300°F/niveau de gaz 2 et faites cuire encore 45 minutes jusqu'à ce qu'ils soient dorés et élastiques au toucher. Laisser refroidir dans le moule pendant 10 minutes avant de démouler sur une grille pour terminer le refroidissement.

www.ingramcontent.com/pod-product-compliance
Lightning Source LLC
Chambersburg PA
CBHW071234080526
44587CB00013BA/1603